बु

और
उनकी शायरी

रचना भोला 'यामिनी'

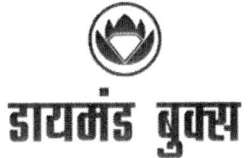

डायमंड बुक्स

www.diamondbook.in

© प्रकाशकाधीन
प्रकाशकः डायमंड पॉकेट बुक्स (प्रा.) लि.
X-30, ओखला इंडस्ट्रियल एरिया, फेज-II
नई दिल्ली-110020
फोन : 011-40712200
ई-मेल : sales@dpb.in
वेबसाइट : www.diamondbook.in
मुद्रक : रेप्रो (इंडिया)

Sufi Sant Bulleshah Aur Unki Shayari
By : Rachna Bhola 'Yamini'

पिया-पिया करते हमीं पिया होए
अब पिया किस नूं कहिए
हिजर वसल हम दोनों छोड़े
अब किस के हो रहिए

विषय सूची

भूमिका

मैं सुपना सभ्र जग भी सुपना

सूफ़ी संत बुल्लेशाह की ये पंक्तियां पढ़ते ही हमारी आंखों के आगे इस संसार का वास्तविक रूप प्रकट हो जाता है। यह मिथ्या संसार एक स्वप्न ही तो है। मनुष्य इसी स्वप्न के बीच जन्म लेता है, इसी स्वप्नलोक में महल-दोमहले बनाता है, नाना प्रकार की भौतिक वस्तुओं का संग्रह करता है, आत्मीय व इष्ट जनों के साथ जन्मों-जन्मों का बंधन निभाने के निरर्थक वादे करता है और अंततः एक दिन सब कुछ यहीं छोड़कर इस स्वप्नलोक से विदा ले लेता है।

जब सभी इस स्वप्न में जी रहे हों तो यह कौन याद दिलाए कि यथार्थ क्या है? बुल्लेशाह अपनी रचनाओं के माध्यम से मनुष्य को निरंतर यही स्मरण कराते हैं कि इस संसार में सब कुछ मायाजाल है। यदि उस सच्चे प्रभु से भेंट करनी है तो माया के इन बंधनों से निकल, आडंबर व कर्मकांडों की बलि चढ़ा दें, किताबों की ढेरी सिर से उतार फेंक, झूठे रिश्ते-नातों के बंधन खोल दें, भौतिक वस्तुओं का मोह त्याग दें और मेरे साथ चल।

सूफी काव्य परंपरा में बुल्लेशाह का नाम बहुत ही आदर-मान से लिया जाता है। आज से वर्षों पूर्व सामाजिक कुरीतियों, धर्मों के आपसी विद्वेषों व कर्मकांडों के मध्य अपनी काफ़ियों के माध्यम से जन-जागरण का संदेश देने वाले बाबा बुल्लेशाह आज भी हमारे हृदय में जीवित है। हमारी जनश्रुतियों, मौखिक गाथाओं व स्थानीय मुहावरों के बीच चलते बुल्लेशाह को पलभर के लिए भुलाया नहीं जा सकता। आज भी उनकी वाणी उतनी ही प्रासंगिक व सार्थक है, जितनी कभी पहले रही होगी।

यद्यपि उन्होंने दोहों, बारहमाहों, सीहरफी व गंढों आदि की रचना भी की, किंतु वे अपनी कालजन्मी काफ़ियों के माध्यम से ही जनसमुदाय में अपनी

गहरी पैठ बनाए हुए हैं। संयोग, विरह, प्रेम की उत्कट अभिव्यक्ति रहस्यवाद उपदेश आदि के रंगों से सराबोर इन काफ़ियों की मिठास वर्णनातीत है।

उनकी आत्मा रूपी नायिका, प्रभु रूपी प्रियतम को न मिल पाने का उपालंभ देती है, विरहाग्नि में तड़पाने के लिए कोसती है, सदगुरु की प्राप्ति होने पर अपनी प्रसन्नता की घोषणा करती है और उस अवस्था तक जा पहुंचती है, जहां जाकर आत्मा व परमात्मा के बीच कोई भेद ही नहीं रह जाता।

मानव जाति को सत्य, प्रेम व निष्ठा का पाठ पढ़ाने वाले बुल्लेशाह ने स्वयं सैय्यद जाति का होने पर भी अपने से नीची जाति मानी जाने वाले अराई गुरु से नाता जोड़ा। उन्होंने संसार को पाठ पढ़ाया कि गुरु-शिष्य के संबंध में जाति कोई मायने नहीं रखती।

प्रस्तुत पुस्तक में बुल्लेशाह के जीवन परिचय के साथ उनके जीवन से जुड़े कुछ रोचक प्रसंग भी दिए हैं, जिनसे पाठकों को उनके जीवन के विषय में कुछ अधिक जानने का अवसर मिलेगा। इसके अतिरिक्त उनकी रचनाओं के विविध रूपों व भावों के प्रकटीकरण के अतिरिक्त भाषा व शैली पर भी चर्चा की गई है।

पुस्तक के दूसरे भाग में उनकी चुनी गई काफ़ियों को भावार्थ सहित दिया गया है। पुस्तक के तीसरे भाग में काफियां, दोहे, बारहमाह, गंढा आदि रचनाएं शामिल की गई हैं। इस पुस्तक को तैयार करने के लिए मुझे जिन रचनाकारों की कृतियों से प्रत्यक्ष अथवा अप्रत्यक्ष सहायता लेनी पड़ी, उन्हें कोटिशः धन्यवाद!

यदि पाठकगण इस पुस्तक से बाबा बुल्लेशाह की रसपगी वाणी व उनके जीवन की एक झलक भी पा सके तो मैं अपना परिश्रम सफल जानूंगी। अंत में उन्हीं की पंक्तियों को उद्धृत करने का लोभ संवरण नहीं कर पा रही हूं।

चल बुल्लया चल ओत्थे चलिए
जित्थे सारे अन्ने
न कोई किसे दी जात पछाणे
ना कोई किसे नू मन्ने।

–रचना भोला 'यामिनी'

भाग – 1

बुल्लेशाह का जीवन परिचय

सूफ़ी संत बुल्लेशाह 'अब्दुल्लाह शाह' या 'मीर बुल्लेशाह क़ादिरी शतरी' के नाम से जाने जाते हैं। पंजाब की सौंधी माटी में उपजे बुल्लेशाह की रचनाओं को 'सूफ़ी कलाम का शिखर' भी कहा जाता है। उनका कोई भी प्रमाणिक जीवन वृत्त उपलब्ध नहीं है। उनकी रचनाओं तथा जीवन के विषय में कई स्थानों पर जनश्रुतियों का सहारा लेना पड़ता है क्योंकि उनका कलाम सदियों से मौखिक परंपरा के माध्यम से ही पनपा।

बुल्लेशाह का जन्म सन् 1680 में उच गीलानियां नामक गांव में हुआ था। यद्यपि इनके जन्म स्थान व तिथि के विषय में भी विद्वान इतिहासकार मतभेद रखते हैं, किंतु यहां हमें इस विवाद में नहीं उलझना। हम तो केवल उस महान सूफ़ी संत के बाल्यकाल व पारिवारिक पृष्ठभूमि का परिचय पाना चाहते हैं, जिन्होंने अपनी रसपगी वाणी के माध्यम से अद्वैत के विचारों को इतनी भावप्रवणता से प्रकट किया कि वे आने वाली जाने कितनी सदियों की थाती बन गए।

बुल्लेशाह, बाबा बुल्ला, साईं बुल्लेशाह आदि नामों से संबोधित किए जाने वाले इस सूफ़ी का वास्तविक नाम 'अब्दुल्लाह' था।

हुण इंना-लिलाह आरव के तुम करो दुआई
पिया ही सब हो गया अब्दुल्लाह नाहीं।

बुल्लेशाह के पिता शाह मुहम्मद दरवेश, अरबी, फ़ारसी व क़ुरान शरीफ़ के अच्छे ज्ञाता थे। पुत्र के जन्म के कुछ समय बाद ही वे सपरिवार कसूर के समीप 'फंडोके भट्टियां' नामक स्थान पर आ बसे। उन्हें गांव की मस्जिद के मौलवी का कार्यभार सौंपा गया। साथ ही वे बच्चों को प्रारंभिक शिक्षा भी देने लगे।

इस प्रकार विद्वान पिता के संरक्षण में ही बुल्लेशाह ने अल्लाह के नाम का पहला अक्षर 'अलिफ़' सीखा। इनका वंश सैय्यदों (हज़रत मुहम्मद के वंशजों को ही सैय्यद कहा जाता है) से संबंध रखता था। सैय्यद वंश का सीधा संबंध

हज़रत मुहम्मद से है। सूफ़ी विचारधारा व परंपरा से पोषित वातावरण के बीच ही बुल्लेशाह का बाल्यकाल व्यतीत हुआ। प्रारंभिक शिक्षा देने के बाद पिता ने उन्हें इस्लाम की शिक्षा पाने के लिए कसूर भेजा जहां बुल्लेशाह ने इस्लाम व सूफ़ी धर्म का गहन अध्ययन किया।

कसूर में हज़रत गुलाम मुर्तज़ा ने बुल्लेशाह की चारित्रिक विशेषताओं को और भी निखार दिया। मानो कोई अनगढ़ पत्थर को तराश कर मूर्ति में बदल दे।

बुल्लेशाह अरबी व फ़ारसी के उच्चकोटि के विद्वान बन गए। बचपन से ही उनमें आध्यात्मिक उन्नति के लिए तड़प थी, किंतु अब तो जैसे वही उनके जीवन का परम उद्देश्य बन गई। धर्म-शास्त्रों के गहन अध्यन ने प्रभु से मिलन की ऐसी लौ लगाई कि वे तड़प उठे।

कहते हैं कि यही तड़प उन्हें क़ादिरी सूफ़ी फ़क़ीर हज़रत इनायत शाह तक खींच ले गई। यदि शिष्य की तड़प सच्ची हो तो वह कहीं न कहीं से अपने गुरु को खोज ही लेता है। बुल्लेशाह भी हज़रत इनायतशाह के डेरे पर लाहौर जा पहुंचे। इनायतशाह अराईं जाति से थे, जो लोग खेती-बाड़ी व बाग़बानी का काम करते हैं।

उस दिन अपने भावी गुरु से हुई भेंट, बुल्लेशाह के जीवन की एक क्रांतिकारी घटना थी। गुरु की दया-मेहर होते ही बुल्लेशाह के पुराने जीवन की हर मान्यता, सोच व विश्वास को ढहते देर नहीं लगी। उन्होंने किताबी ज्ञान से परे जाकर, ईश्वर को अपने ही भीतर पाने का मार्ग पा लिया।

हज़रत इनायतशाह का संबंध सूफी संत अब्दुल क़ादिर जिलानी से जोड़ा जाता है। वे पीरां-पीर कहलाते हैं। बुल्लेशाह अपनी वाणी में एक स्थान पर कहते हैं :

पीरां पीर बग़दाद असाडा
मुरशद तख़्त लाहौर
एहो तुसीं वी आखो सारे
आप गड्डी आप डोर।

इनायत लाहौरी के डेरे पर पहुंचने के बाद बुल्लेशाह के आध्यात्मिक अभ्यास में वृद्धि हुई और वे परमात्मा से एकरूप होने की कला जान गए।

उनकी पहली भेंट के बारे में कहा जाता है कि जब बुल्लेशाह वहां पहुंचे तो हज़रत प्याज़ के छोटे पौधों को उखाड़ कर, एक स्थान से दूसरे स्थान पर लगा रहे थे। वे अपने कार्य में मनोयोग से जुटे थे, इसलिए उन्हें बुल्ले के आने का पता नहीं चला।

वहीं समीप ही पेड़ों पर आम के फल लगे थे। बुल्लेशाह ने अपने आने की सूचना देने के लिए परमात्मा का नाम लिया। उनके आध्यात्मिक अभ्यास की शक्ति के प्रभाववश पेड़ से फल स्वयं गिरने लगे। हज़रत ने चौंक कर पूछा : 'ऐ नवयुवक! आम क्यों तोड़े?'

बुल्लेशाह को तो बात करने का अवसर चाहिए था।

वे बोले – 'साईं जी! मैं न तो पेड़ पर चढ़ा और न ही कंकड़-पत्थर फेंके। भला मैं कैसे आम तोड़ सकता हूं?'

'वाह! चोर भी है और चतुर भी।' हज़रत ने हंसकर बुल्ले की आंखों में झांका व बोले।

'चाहता क्या है?'

'हुज़ूर! आपकी दया से रब को पाना चाहता हूं।'

'नाम क्या है तेरा?'

'मैं बुल्ला हूं।'

'बुल्लया! रब दा की पौणा। एदरों पुरणा ते आंदर लाणा!'

(ईश्वर को पाना कुछ ऐसा ही मानो किसी पौधे को एक स्थान से उखाड़ कर दूसरे स्थान पर लगा दिया जाए)

मानो इन्हीं शब्दों ने बुल्लेशाह को अध्यात्म का सार समझा दिया हो। वे अपने मुर्शिद के चरणों में गिर पड़े व उनके शब्दों को ही दीक्षा मान लिया। सद्गुरु की संगति ने मन पर जमा शेष विकारों को भी धो डाला और बुल्लेशाह के लिए आध्यात्मिक यात्रा रूपी पथ सुगमतर होता चला गया। बुल्लेशाह की वाणियों में गुरु से हुई भेंट के बाद उनकी रूहानी अवस्था में आए परिवर्तनों का स्पष्ट संकेत मिलता है। एक ओर तो वे गुरु के रंग में रंगकर बेपरवाह मस्ती में डूबे थे, तो दूसरी ओर धर्म व समाज के ठेकेदारों ने अपने भाले तान लिए थे।

बाहर वालों की क्या कहें, पूरा घर ही बुल्ले के इस कृत्य से दुःखी था। अपने वंश व परंपरा के मान में डूबे रिश्तेदारों से सहा नहीं जा रहा था कि बुल्लेशाह किसी अराईं जाति के व्यक्ति को अपना गुरु बना लें। उनकी वाणियों में कई स्थानों पर वर्णन आता है कि किस प्रकार उन्हें घर व समाज की ओर से ताने-उलाहने सुनने पड़े, किंतु उन्होंने अपने गुरु का साथ नहीं छोड़ा।

मित्र प्यारे दे कारन जी

मै लोक उलाहने सहनी आं

बुल्ले नू समझावण आइयां

मैणां ते भरजाइयां
मन लै बुल्लया कहणा साडा
छड्ड दे पल्ला राइयां
आल नबी औलाद अली नूं
तूं क्यों लीकां लाइयां।

बुल्लेशाह ने विनम्र किंतु कठोर शब्दों में सबको चेता दिया कि वे उनके गुरु के खिलाफ कुछ न कहें। वे एक काफ़ी में कहते हैं कि जो उन्हें सैय्यद कहेगा, वह नर्क की आग में जलेगा और यदि उन्हें अराई जाति से जुड़ा हुआ कहेगा तो उसे स्वर्ग में स्थान मिलेगा।

प्रेम का मार्ग कष्टों से भरा है। इस मार्ग में छोटी भूल भी बड़े संताप का कारण बन सकती है। बुल्लेशाह के साथ भी ऐसा ही हुआ। उन्होंने मुर्शिद को अपने किसी संबंधी के विवाह में आने का निमंत्रण भेजा। गुरु स्वयं तो नहीं आए, किंतु एक शिष्य को भेज दिया। अराई जाति का वह युवक फ़क़ीरों के वेष में था।

बुल्लेशाह संभवतः जान भी नहीं पाए या फिर चूक गए, वह शिष्य अपमानित होकर लौटा। गुरु ने सत्य जाना तो रुष्ट होकर बोले –

'बुल्ले की इतनी मज़ाल! हम उसकी क्यारियों से पानी मोड़कर तुम्हारी ओर कर देते हैं।'

उनका यह कहना था कि मानो बुल्लेशाह के जीवन में तूफान आ गया। उनके रूहानी पथ में बाधा खड़ी हो गई। बुल्लेशाह गुरु के पास दौड़े आए, किंतु गुरु ने डेरे के भीतर आने से मना कर दिया। इस काल में बुल्लेशाह ने विरह की तड़प से भरी ऐसी काफ़ियां लिखीं जो आज तक पढ़ी व गाई जाती हैं। गुरु से वियोग ने उन्हें एक-एक वस्तु के प्रति संवेदनशील बना दिया। जब गुरु ने देखा कि विरह व पश्चाताप की अग्नि में जलकर सोना और भी निखर गया है, तो उन्होंने अपने शिष्य को क्षमा कर दिया।

गुरु, शिष्य के बीच फिर से स्नेह की अखंड धार प्रवाहित होने लगी। उनकी क्यारियों में फिर से गुरु की दया व मेहर का पानी बहने लगा। यह वही अवस्था हो गई जब गुरु व शिष्य अभेद होकर परमात्मा से तारतम्य स्थापित कर लेते हैं।

तत्कालीन सामाजिक कुरीतियों व आडंबरों पर चोट करके, संसार को ईश्वर प्राप्ति की सच्ची राह दिखाने वाले बाबा बुल्लेशाह को 'खुदा का बंदा' कहा जाता है। उन्होंने हिंदू-मुसलमान में समन्वय स्थापित किया। सभी धर्मों,

परंपराओं व मतों से युक्त विचारों का प्रतिपादन किया। इस प्रकार उनकी वाणी एक सांझी संस्कृति का प्रतिनिधित्व करती है। वे लोगों की ही बोलचाल की भाषा में, उनके दैनिक जीवन से जुड़ी वस्तुओं को ही प्रतीक बनाकर अध्यात्म के गूढ़ रहस्य प्रकट करते थे। संभवत: यही कारण रहा कि लोगों ने उनके काफ़ियों को न केवल कंठस्थ किया अपितु आज तक दोहराते आ रहे हैं। उन्होंने न केवल सत्य के रूप को जाना बल्कि आजन्म उसका प्रचार भी करते रहे। कसूर में ही बाबा बुल्लेशाह का डेरा था। जहां सत्य के अन्वेषी जिज्ञासुओं का मेला लगा रहता था। उन्होंने अपनी दैवीय व रूहानी वाणी के माध्यम से इश्क़-ए-मजाज़ी से इश्क-ए-हक़ीक़ी तक पहुंचने का मार्ग दिखाया। कहते हैं कि 1758-59 में उन्होंने कसूर में ही अपनी नश्वर देह का त्याग किया।

प्रत्येक वर्ष उनकी मज़ार पर उर्स का आयोजन होता है। कई पीढ़ियों से बुल्लेशाह का कलाम गाने वाले उर्स में पहुंचते हैं। वे उन्हीं काफ़ियों को अपने रागों में पिरो कर समां बांध देते हैं। चारों ओर बस यही स्वर गूंजते दिखाई देते हैं।

तेरा शाह मेरा शाह
बुल्लेशाह बुल्लेशाह।

सर्वव्यापी परमात्मा

बुल्लेशाह कहते हैं कि इस संसार में जो कुछ भी है, वह उसी परमात्मा में समाया है। तीर्थ, पंडे-पुरोहित, मस्जिद-मौलवी, देवी-देवता आदि सभी व्यर्थ हैं।

उनकी अनेक काफ़ियों में यह स्वर सुनाई देता है, जहां वे जीवात्मा को चेतावनी देते हैं कि दर-दर भटक कर परमात्मा को मत खोज; वह तो तेरे भीतर ही बसा है। तुझे ऐसे नेत्र चाहिए जो भीतर बसे उस प्रभु को देख सकें।

वे कहते हैं :

जा मैं सब इश्क़ दा पढ़या
मसजद कोलों जीउड़ा डरया
डेरे जा ठाकर दे वड़या
जित्थे वजदे नाद हज़ार!
वेद क़ुरानां पढ़-पढ़ थक्के
सजदे करदयां घस गए मत्थे
न रब्ब तीरथ न रब्ब मक्के
जिस पाया तिस नूर अनवार
इश्क़ दी नवियों नवीं बहार।

इस संसार में परमात्मा को अपने ही भीतर प्रकाशमयी रूप में पाया जा सकता है। अन्य तथाकथित धार्मिक स्थलों पर उसकी खोज व्यर्थ है।

पलटू साहिब ने भी तो यही कहा है :

साहिब-साहिब क्या करें साहिब तेरे पास
साहिब तेरे पास याद करूं होवै हाज़िर

लामकान में रब्ब को पावै पलटूदास
साहिब-साहिब क्या करे साहिब तेरे पास

एक काफ़ी में बुल्लेशाह कहते हैं कि सच्चे भक्त तो अपने भीतर ही प्रभु को पा लेते हैं। वे जान जाते हैं कि सारा संसार एक प्रभु का ही प्रसार है तथा

विविध रूपों में वही प्रभु समाया है, किंतु मूर्ख सांसारिक जन बाहर ही भटकते रहते हैं व इस तथ्य को नहीं जान पाते :

मुंह आई बात न रैहंदी ए
झूठ आखां ते कुछ बचदा ए
सच आखयां भांबड़ मचदा ए
जी दोहां गल्लां तो उच्चदा ए
जच्च-जच्च के जिह्वा कैहन्दी ए।

* * *

एथे दुनिया विच अन्हेरा ए
एथे तिलकण बाज़ी वेहड़ा ए
वड़ अंदर वेरवो केहड़ा ए
बाहर खफ़तण पई ढूंढेदी ए।

* * *

बुल्लाशाह असां थी वरव नहीं
बिन शौह थी दूजा कख नहीं
पर वेरवण वाली अक्ख नहीं
ताहीं जान पई दुःख सैहन्दी ए।

बुल्लेशाह ने अपने शरीर को ही मक्का व काबे की संज्ञा दी है। वे कहते हैं कि दिल में ही तो काबा है जहां उस परमात्मा रूपी प्रकाश के दर्शन हो सकते हैं :

हाजी लोक मक्के नूं जांदे
असी जाणा तख्त हज़ारे।

अब प्रश्न यह उठता है कि हमें शरीर में किस स्थान पर उस परमात्मा की खोज करनी होगी। शरीर में दस द्वार माने जाते हैं। इनमें से नौ द्वार हैं - (दो नेत्र, दो कान, दो नासिकाएं, एक मुख व दो मल-मूत्र के द्वार) दसवां द्वार आध्यात्मिक मार्ग की ओर ले जाता है। उसी दसवें द्वार से प्रवेश के बाद आत्मा से साक्षात्कार किया जा सकता है।

अनेक संतों ने इसी दसवें द्वार की चर्चा करते हुए, इसे प्रभु या आत्मा से मिलन का माध्यम कहा है :

'तू पशुओं की तरह सिर नीचा करने की बजाए ऊपर की ओर देख। तभी शरीर के आनंद से परे जाकर नई दुनिया में क़दम रख पाएगा।'

- हज़रत शम्स तबरेज़

दिल की ताकी लाह फ़क़ीरा
पाह अंदरूने झाती हू

– हज़रत सुल्तान बाहू

यही दसवां द्वार मुक्ति का द्वार कहलाता है। यहीं से तो प्रियतम के घर का मार्ग होकर जाता है। कबीर साहब कहते हैं कि जब तक आत्मा नौ द्वारों में ही भटकती रहेगी, वह कभी दसवें द्वार में पड़ी अनुपम वस्तु को प्राप्त नहीं कर पाएगी। सांसारिक नेत्रों से अंतर में छिपे प्रभु को नहीं देखा जा सकता। उसे देखने के लिए हमें उसे देखने वाली आंख पानी होगी।

बाइबिल में भी इस आंतरिक नेत्र का वर्णन आता है। इसे ही हम 'दिव्य चक्षु', 'तीसरी आंख' या 'ग़ैबी आंख' की संज्ञा देते हैं।

बुल्लेशाह उपदेश देते हैं कि ध्यान व स्मरण के बल पर आत्मा को निर्मल बनाया जा सकता है ताकि वह दसवें द्वार से होकर प्रभु तक जा सके।

वे कहते हैं :

मैं चूहेहड़ी आं
सच्चे साहिब दी सरकारों
ध्यान दी छज्जली ज्ञान का झाड़ू
काम-क्रोध नित झाड़ो।

'उल्टी गंग बहत्यो' नामक काफ़ी में ध्यान व उससे जुड़े अनुभवों का विस्तार से वर्णन किया गया है। वे कहते हैं :

उल्टी गंग बहायो के साधो
तब हर दर्शन पाए
प्रेम की पूनी हाथ में लीजे
गुझ मरोड़ी पड़ने न दीजै
ज्ञान का तकला ध्यान का चटखा
उल्टे फेर भुआए।

* * *

अमृत मंडल मूं तब ऐसी दे
कि हरी हर हो जाए
उलटी गंग बहायो रे साधो
तब हर दर्शन पाए।

नौ द्वारों से स्वयं को समेटकर दसवें द्वार की ओर उन्मुख आत्मा को ईश्वर का आध्यात्मिक प्रकाश दिखने लगता है। इसी अभ्यास के दौरान साधक स्वयं को पूरे संसार से काट लेता है। समाधि के दौरान पूर्ण एकाग्रता को ही 'मरने' की संज्ञा दी जाती है। संत कबीर ने भी कहा है :

मरिये तो मरि जाइये, छूटि परै जंजीर
ऐसा मरना को मरै, दिन में सौ-सौ बार।
मर गए जो मरने थीं पहले
निन्हां रब्ब नू पाया हू।

- हज़रत सुलतान बाहू

मरते-मरते सब मरै, मरै न जाना कोय
पलटू जो जियतै मरै, सहज परायन होय।

- पलटू साहिब

लगभग सभी संतों ने सांसारिक मृत्यु से पूर्व होने वाली इस मौत का वर्णन किया है। प्रभु से मिलाप का उद्देश्य तभी पूरा हो पाता है जब साधक मरने से भी पहले मरने का अभ्यास कर लेता है :

जे तूं मरें मरन तों अग्गे
मरने दा मुल पावेंगा
इश्क़ जिन्हां दी हड्डी पैंदा
सोई नर जीवत मर जांदा
मन अंदर होया साता है
जिस पिच्छे मस्त हो जाता है।
* * *
बुल्लया हिजरत विच इसलाम दे
मेरा निन्त है ख़ास आराम
नित्त-नित्त मरां ते नित्त-नित्त जीवां
मेरा नित्त-नित्त कूच मुकाम।

पढ़-पढ़ इलम हजार किताबां

सूफ़ी किताबी ज्ञान या विद्या का मोहताज नहीं होता। वह तो अपनी हर सांस में कलमा पढ़ता है। यह कलमा केवल जुबां से नहीं पढ़ा जाता। सूफी-फ़क़ीर इसे दिल से पढ़ते हैं। कलमा अर्थात उस प्रभु का नाम; जिससे मिलने के लिए बंदे के मन में रौ लगी होती है।

कई सूफ़ी तो ज़िक्र को ही 'कलमा' कहते हैं। बुल्लेशाह जब दसवें दरवाजे पर आकर उस अनहद नाद को सुनते हैं तो वही कलमा है। वे कहते हैं कि मुर्शिद से मिलाप के बाद ही मैंने जाना कि कलमे के बिना इस संसार से छुटकारा नहीं पाया जा सकता।

कलमे को प्रायः दो रूपों में अभिव्यक्त किया जाता है। एक तो परमात्मा के गुणों को प्रकट करने वाले नामों से संबंध रखता है और दूसरा कलमा वह सच्चा नाम है, शक्ति है, जिसमें सृष्टि का आधार समाया है और यही मनुष्य को संसार से मुक्त कर, ईश्वर से संयोग कराने की क्षमता रखता है।

बुल्लेशाह बंसी अचरज करूह बजाई नामक काफ़ी में अनहद शब्द की बांसुरी की महिमा बखानते हैं। वे कहते हैं कि संपूर्ण सृष्टि में इसी बांसुरी की गूंज समाई है। इसी अनहद ध्वनि में लीन होने के बाद ही आत्मा रूपी प्रेमिका प्रियतम के द्वार तक जा पाती है। वे कहते हैं कि जो व्यक्ति इस कलमे से अपना संबंध जोड़ लेता है। सतगुरु उसके सहायक हो जाते हैं :

बंसी अचरज कान्ह बजाई
बंसी बालमा चाका रांझा
तेरा सुर सम नाल है सांझा
तेरियां मौजां साडा मांझा
साडी सुरती आप मिलाई।

* * *

बुल्ला पुज पए तकरार
बूहे आज खलोते यार
रक्खीं कलमे नाम ब्योपार
तेरी हज़रत भरे गवाही।

मुरली बाज उठी अणघातां में बुल्लेशाह ऐलान करते हैं कि मन में मुरली का राग बजते ही संसार की इस नश्वरता का भाव और भी गहरा गया। अनहद शब्द रूपी बाण ने मन रूपी चंचल मृग को वश में कर लिया और वह ईश्वर-भक्ति में लीन हो गया।

मुरली बाज उठी अणघातां
सुण के मुल्ल गइयां सम वातां
लग्ग गए अनहद बाण न्यारे
झूठी दुनिया कूड़ पसारे।

* * *

हुण मैं चंचल मिरग फहाया
ओसे मैंनू बंन्ह बहाया
सिरफ़ दुगाना इश्क़ पढ़ाया
रग गईयां त्रैचार रकातां।

बुल्लेशाह की काफ़ियों में आवाज़, कुन, कलमा, बांग, शब्द, अनहद बाजा, अनहद नाद, अनहद की मुरली आदि नामों से कलमे का ही वर्णन किया गया है। एक स्थान पर वे कहते हैं :

आओ फ़कीरो मेले चलिए
आरफ़ का सुण बाजा रे
अनहद शब्द सुनो बहुरंगी
तजीए भेरव प्याजा रे
अनहद बाजा सरब मिलायी
निरवैरी निरसाजा रे।

अन्य सफ़ी फ़क़ीरों ने कलमे की महिमा का गुणगान किया है। अंतर केवल इतना है कि विविध धर्म-संप्रदाय व संत-महात्मा इस एक शक्ति व रहस्यानुभूति को अपने-अपने नामों से पुकारते हैं। जिस प्रकार फूल की सुगंध की तुलना किसी भी वस्तु से क्यों न की जाए, मूल रूप से वह फूल ही रहता है। उसी प्रकार यह शक्ति भी मूल रूप में ज्यों की त्यों रहती है। उदाहरणस्वरूप :

ज़े ज़बानी हर कोई पढ़दा, दिल दा कलमा कोई छू।
जित्थे कलमा दिल दा पढ़िए, मिले ज़बा न ढोई हू॥
दिल दा कलमा आरिफ़ पढ़दे, जाणे की गलोई हू।
कलमा मैनूं पीर पढ़ाया, सदा सुहागण होई हू॥
काने कप्प-कप्प क़लम बणावण।
लिख न सक्कण कलमा छू॥
कलमे दी कल तदां पयोसे, पद कल कलमे वंज खोली छू।
चौदां तबक़ कलमे दे अंदर, की जाणे ख़लक़त भोली हू॥

—हज़रत सुलतान बाहू

''मैं ख़ुदा से सीधा संबंध स्थापित करने की राह में कोई रुकावट नहीं चाहता, इसलिए मैं कलमे के द्वारा उत्पन्न अक्षर, आवाज़ और बोली; तीनों रुकावटें मिटा देना चाहता हूं।''

– मौलाना रूमी

मुसलमान हिंदू कहा
पर दरसन रंक राव।
जन दरिया निज नाम बिन
सब पर जम का दाव॥

– दरिया साहब

पढ़ि-पढ़ि थाके पंडिता, किन्हूं न पाया पार
कथि-कथि थाके मुनि जना, दादू नाई अपार।

– दादू दयाल

कबीर मन मरकट मचा, नेक न कहूं ठहराय
संत नाम बांधे बिना, जित भावै तित जाय।

– कबीर

बुल्लेशाह जान गए थे कि जो इस सच्चे कलमे का आनंद पा लेता है। उसके लिए हिंदू-मुसलमान के झगड़े मिट जाते हैं। राम व रहीम एक हो जाते हैं क्योंकि वह जान जाता है :

जब जोगी तुम वसल करोगे
बांग कहो भावें नाद बजावे।
भगति भगत नताहो नाहीं
भगत सोई जेहड़ा मन भावे॥

जहां एक ओर बुल्लेशाह ने कलमे को 'रसूल की बांग' कहा। वहीं दूसरी ओर सांसारिक कर्मकाण्डों के बीच फंसे लोगों को भी चेताया है जो मुंह से निकलने वाले कलमे को ही आत्मज्ञान या प्रभु प्राप्ति का मार्ग मान लेते हैं। उनके लिए किताबी ज्ञान ही सर्वोपरि है। बुल्लेशाह कहते हैं :

पढ़-पढ़ इलमे हज़ार किताबां
कवि अपने आप नू पढ़या नई।
जा-जा बड़दे मंदर मसीती
कदी मन अपने विच वडया नई।।

वे कहते हैं कि तुमने अपने आसपास किताबों का इतना ऊंचा ढेर लगा लिया है कि ख़ुदा का प्रकाश भी तुम तक नहीं पहुंच पाता। तभी तो तुम राह से भटक गए हो। सच्चा ज्ञान तो प्रभु के मेल से मिलेगा। ग्रंथों का पठन-पाठन तो आडंबर मात्र है। धर्मग्रंथों का पाठ करने वाले विद्वान भी अत्याचारी बने डोलते हैं। शास्त्रों पर नज़रें होती हैं पर मन संसार में रमा रहता है। उन्हें यह जानना चाहिए कि केवल प्रभु ही जानने योग्य है क्योंकि वही एक है जो सारी सृष्टि का नाश हो जाने पर भी विद्यमान रहेगा।

इक अलफ़ पढ़ो छुटकारा ए
इक अलफ़ों दो तिन चार होए
फिर लक्ख करोड़ हज़ार होए
फिर ओथों बाझ शुमार होए
हिक अलफ़ दा नुक़्ता-न्यारा ए
क्यों पड़ना ए गड्ड किताबां दी
सिर चानां ए पंड अज़ाबां दी
हुण होयों शकल जलादां दी
अग्गै पैंडा मुशकल मारा ए।

साई बुल्लेशाह उस मुल्ला का हवाला देते हैं जो उन्हें कर्मकांड की शिक्षा देना चाहता है पर वे ढीठ छात्र की भांति हैं जो मार खाने के बावजूद अपनी टेक नहीं छोड़ता यानी वे प्रभु-प्रेम के अक्षर के सिवा कुछ याद ही नहीं करना चाहते।

नी कुटीचल मेरा नां
मुल्ला मैनूं सबक़ पढ़ाया
अलफ़ों अग्गे कुझ न आया

उस दीआं जुत्तीआं खांदा सां
नी कुटीचल मेरा नां।

बुल्लेशाह बड़ी निर्भीकता से कर्मकांडों की आलोचना करते हैं। वे सबको यह याद दिलाते हैं कि मंदिर, मस्जिद, गुरुद्वारों व तीर्थों में जाने की बजाए अपने भीतर झांको। ईश्वर से वहीं मिलन होगा। वहीं वह दैवीय प्रकाश किरण दिखाई देगी जो अचानक मन के उलझे तार सुलझा देगी, जो इंद्रियों के नौ द्वारों के बीच भटकती आत्मा को प्रभु-प्राप्ति के दसवें द्वार पर ले जा खड़ा कर देगी। यहां बुल्लेशाह की रचनाओं के ऐसे ही कुछ उदाहरण दृष्टव्य हैं :

भट्ठ नमाज़ां चिक्कड़ रोज़े
कलमे ते फिर गई स्याही
बुल्लेशाह शौह अंदरों मिलया
भुल्ली फिरे लोकाई।

नमाज़ रोज़ा ओहनां की करनां
जिन्हां प्रेम सुराही लुट्टी कुड़े
बुल्लाशाह दी मजलस वह के
सम करनी मेरी छुट्टी कुड़े।

बुल्ले नूं लोकी मत्ती देंदे
बुल्लया तू जा बहो विच मसीती
विच मसीतां की कुझ हुंदा
जे दिलों नमाज़ ना कीती।

गल्ल रौले लोकां पाई ए
सच्च आख मनां क्यों डरना ए
इस सच्च पिच्छे तूं तरना ए।
* * *

भुल ख़ुदा नूं जान ख़ुदाई
बुत्तां अग्गे सीस नवाई
जेहड़े धड़ के आप वणाई
शर्म रत्ता न आई ए।
* * *

शाहरग थीं रब दिसदा जेड़े
लोकां पाए लंबे झेड़े
वां के झगड़े कौण न बेड़े
भज-भज उभर गवाई ए

* * *

जो कोई दिसदा मोहो प्यारा
बुल्ला आपे वेरवजहारा
आपे वेद क़ुरान पुकारा
जो सुपने वस्त भुलाई ए।

कर्मकांडों के प्रति सबको सावधान करने के बाद बुल्लेशाह यह भी बताते हैं कि अब हमें क्या करना चाहिए। वे समझाते हैं कि प्रभु किसी से भी दूर नहीं हैं। वे हमारे ही देह के भीतर बसे हैं। केवल नाम व सिमरन से ही उनके साथ हमारा मिलन हो सकता है।

साईं छप तमारो नूं आया
तुसीं रल-मिल नाम ध्याओ
लटक सज्जण दी नाहीं छपदी
सारी ख़लक़त सिकदी तपदी।
तुसी दूर न ढूंडण जाओ।
तुसीं रल-मिल नाम ध्याओ
रल-मिल सईंओ आतण पाओ
इक बंने विच जा समाओ
नाले गीत सज्जण दा गाओ
तुसीं रल-मिल नाम ध्याओ
बुल्ला बात अनोखी एहा
नच्चण लगी तां घूंघट केहा
तुसीं परदा अक्खीं थीं लाहो
तुसीं रल-मिल नाम ध्याओ।

नी मैं कमली हां

मैनूं कमली-कमली आखदे
नी मैं कमली हां
नी मैं कमली यार दी...

बुल्लेशाह भी अपने मुर्शिद के वियोग में ऐसी ही दीवानी प्रियतमा का रूप धर लेते हैं। अपने प्रियतम की याद में तड़पती प्रेमिका रूपी आत्मा कभी स्वयं को प्रभु के दरबार की मेहतरानी कहती है तो कभी अविरल आंसू बहाती दिखाई देती है।

बुल्लेशाह की वाणी से उस प्रेमी हृदय की वेदना का परिचय मिलता है, जिसके भीतर प्रभु से मिलन की लौ लग चुकी है। वे स्वयं जानते हैं कि एक बार यह लगन लग जाए तो उपहार के रूप में विरहाग्नि भी मिल जाती है। वियोग की अग्नि तन-मन को जलाकर राख कर देती है। दिन-रात कलेजे से हूक उठती है। ऐसा लगता है मानो कोई कड़ाही के गर्म तेल में तल रहा हो। कहने का तात्पर्य यह है कि शारीरिक व मानसिक संताप का कोई अंत नहीं रहता।

इसी विरह की तड़प में तड़पते हुए बुल्लेशाह की आत्मा रूपी प्रेमिका कह उठती है :

आ मिल यार सार लै मेरी
मेरी जान दुक्खां ने घेरी
अंदर ख़्वाब बिछोड़ा होया
ख़बर न पैंदी तेरी।

इश्क़ असां नाल केही कीती
लोक मरेंदे ताअजे
दिल दी वेदन कोई न जाणे
अंदर देस बेगाने

एस इश्क़ दी औरबी घारी
जो चढ़या सो जाणे।
एह दुःख जा कहूं किस आगे
रोम रोम जा प्रेम के लागे
न पिया आए, न पिया आए
एह दुःख जा कहूं किस जाए।

–कदी आ मिल बिरहों सताई नूं

–की बेदरदा संग यारी
रोवण अक्खियां ज़ारो-ज़ारी
सानूं गए बेदर्दी छड्ड के
हिजरे सांग सीने विच गड के

–नीं मैनूं लगड़ा इश्क़ अवलड़ा रोज़ अज़ल दा
विच कड़ाई तल-तल पावे, तलयां नूं या तलदा।

तीर जिगर विच नग्गा इश्क़ों, छलायां भी न हलदा
बुल्ला शाह दा ने हों अनोखा, नहीं प्लायां रलदा

विरह की मारी नायिका की पीड़ा को मिटाने के लिए प्रभु नाना रूप धर कर आते हैं। सतगुरु की विविध छवियां छिपाए नहीं छिपतीं। ऐसे में आत्मा रूपी नायिका उस रहस्य से पर्दा हटाने को आतुर दिखती है व अपनी प्रसन्नता व उत्साह को रोक नहीं पाती :

–आओ सइयो रल देओ नी बधाई
मैं वर पाया रांझा माही।

–जब देखूं तब ओही-ओही
बुल्लाशाह हर रंग समावे
एक अचरज साधो कौण कहावे
छिन-छिन रूप कितने बण आवे।
टुक बूझ कौन छप आया ए।

ढोला आदमी बाण आया।

वियोग की संभावना समाप्त होते ही जब संयोग के क्षण सामने आ खड़े होते हैं तो प्रेमिका के मन की उमंग उमड़ पड़ती है। वह अपने प्रेमी को छलिया, जादूगर, भैरवी और कभी चोट या ठग तक कह देती है। कभी उसे साईं कहती है, तो कभी रांझा, कभी बेपरवाही से उलाहने देती है, तो कभी बड़ी गंभीरता से उसके आने का आनंद मनाती है। उसकी इस गंभीरता में कहीं न कहीं यह भय भी छिपा रहता है कि प्रियतम फिर से परदे की ओट में न हो जाए। कभी घड़ियाल बजाने वाले को कहती है कि वह घड़ियाल बजाकर संयोग के क्षणों में विघ्न न दे, तो कभी प्रियतम के आने की खुशी में खुलकर नाचती है। कभी लोगों से अपने प्रियतम के आने की बधाई मांगती है, तो कभी रांझे जोगी के लिए पानी तक भरने को तैयार हो जाती है। कभी सबको बताती है कि मेरे पास से मेरी 'मैं' ही खो गई। कभी दीवानी हो जाती है, तो कभी रांझा-रांझा करती स्वयं ही रांझा बन जाती है। कहने का तात्पर्य यह है कि साई बुल्लेशाह ने आत्मा रूपी प्रेमिका व प्रभु रूपी प्रियतम के मिलन के इन क्षणों व संयोगावस्था को बहुत ही सुंदर व प्यारे रूपों में अभिव्यक्त किया है। यहां प्यार की मीठी कसक, अपने प्रेम के बड़प्पन का परिचय, उसके न आने पर उलाहना, उसके आकर छिप जाने पर आश्चर्य आदि भाव सब एक साथ देखे जा सकते हैं।

सैय्यों हुण मैं साजन पायो नी
हर हिरदे विच पायो नी

घड़ियाली देहो निकाल नीं
घड़ी-घड़ी घड़ियाल बजावे
रैन वसल दी पिया घटावे
मेरे मन दी बात जे पावे
हत्थों या सट्टे घड़ियाल नी
मेरे घर आया पिया हमरा
हुण सानूं नहीं आस दी फास
बुल्लाशाह आया हमरे पास
साईं पुजाई साडी आस
मेरे घर आया पिया हमरा।

पिया-पिया करने हमीं पिया होए
अब पिया किस नूं कहिए
हिजर वसल हम दोनों छोड़े
अब किस के हो रहिए
मजनू ताल दीवाने वांगू
अब लैला हो रहिए
बुल्लाशाह घर मेरे आए
अब क्यों ताऊने सहिए!

गुर जो चाहे सो करदा ए

सूफ़ी शब्द का एक अर्थ होता है 'मुरीद' अर्थात् शिष्य। जो किसी का मुरीद बनने को राजी हो जाए, वही सूफ़ी है। बुल्लेशाह सच्चे मुरीद थे, जिन्होंने अपनी आत्मा तक सद्गुरु के चरणों में न्यौछावर कर दी। वे गुरु को एक ऐसा माध्यम मानते थे, जिसकी सहायता के अभाव में ईश्वर तक पहुंचना कठिन ही नहीं अपितु असंभव होता है।

जो मुरीद अपना रोम-रोम गुरु के दर्शनों की चाह में तड़पा दे, वही सच्चा मुरीद होता है। यहां हज़रत सुलतान बाहू के शब्द याद आ रहे हैं जिन्होंने कहा है–

लू-लू के मुड़ लक्ख-लक्ख चश्मां
हिक्क़ खोलां, हिक्क कज्जां हू
इनया डिठया भी सबर ना आवे
होर किते वल भज्जा हूं।

बुल्लेशाह भी अपने गुरु इनायत साईं के रंग में ऐसे रंगे कि अपना अस्तित्व तक भुला दिया। दरअसल मुर्शिद की दया मेहर के बिना कोई भी मुरीद उस दसवें द्वार तक नहीं पहुंच सकता, जिससे पार होने के बाद आवागमन से भी छुटकारा मिल जाता है। बुल्लेशाह की अनेक काफ़ियों में अपने प्यारे सदगुरु का वर्णन आता है, उदाहरणस्वरूप :

- पाया है कुछ पाया है
मेरे सतगुरु ने अलख लखाया है।

–बाग़ बहारां तां तू देखें चाकर पीवें राई दा
बुल्लया इस नूं देख हमेशा एह है दर्शन साईं दा

गुर जो चाहे सो करदा ए
गुर अल्ला आप कहेंदा ए,
गुरु वली नबी हो बैहंदा ए

हर-हर दे दिल विच रैहंदा ए,
ओह खाली भांडे भरदा ए।
मेरी जमूल दे विच चोट
कीनूं कूक सुजावां।

* * *

अरश-मुनव्वर बागां मिलयां
सुणयां तदख़्त लाहौर
शाह इनाइत कुड़ीयां पाईयां
लुक-छिप खिचदा डोर
जिस ढूंडया तिस ने पाया
न सुर-सुर होया मोर
पीरां-पीर बग़दाद असाडा
मुरशद तख़्त लाहौर।

गुरु की महिमा तो अनंत है। सभी सूफी-संतों ने गुरु की महिमा को बखाना व स्वीकारा है। सच्चे पथप्रदर्शक के मिलने से ईश्वर-प्राप्ति का मार्ग सरल हो जाता है। उसके रूठने से साधक की आध्यात्मिक उन्नति वहीं थम जाती है। इसका उदाहरण तो हमें बुल्लेशाह की जीवनी से भी मिलता है, जब वे गुरु के रुष्ट होने पर ऐसी अवस्था में आ गए थे, मानो किसी ने जीते-जी शरीर से प्राण निकाल लिए हों। बुल्लेशाह ने विभिन्न रूपों में अपने गुरु को स्मरण किया है। उनका मानना है कि यदि सद्‌गुरु का दीदार हो जाए तो सब पाप-ताप, रोग व कष्ट स्वयं ही दूर हो जाते हैं। गुरु के विषय में अन्य साधकों का भी कुछ ऐसा ही मानना है:

गुरु गोविंद दोऊ खड़ें, काके लागूं पांय।
बलिहारी गुरु आपने, जिन गोविंद दियो बताय।।

- ***कबीर***

कबिरा हरि के रूठते, गुरु के सरने जाइ।
कहे कबीर गुरु रूठते, हरि नहीं होत सहाय।।

- ***कबीर***

सब परबत स्याही करूं, घोलूं समंदर जाय।
धरती का कागद करूं, गुरु अस्तुति न समाय।।

–सहजोबाई

दादू देव दयाल की, गुरु दिखाई बाट।
ताला कूंची लाइ करि, खोले सबै कपाट॥

–दादू दयाल

दरदां दा दारू तेरे अंदर वसदा।
कोई संत तबीब मिलौंदा ही॥

-सूफ़ी शाह हुसैन

बासों मुर्शिद कामिल बाहू।
होंदी नहीं तसल्ला हूं॥

- सुलतान बाहू

गुर बिनु भव निधि तरइ न कोई
जो बिरंचि संकट सम होई॥

- गोस्वामी तुलसीदास

गुरु कुम्हार सिष कुंभ है, गढ़-गढ़ काढ़ै खोट।
अंतर हाथ सहारा दे, बाहर बाहै चोट॥

- कबीर

दृष्टि पड़ै गुरुदेव की, देखत करै निहाल।
और मति पलटें तबैं, कागा होत मराल॥

- चरनदास

नानक गुर बिनु मन का ताकु न उघैड़।
अवर न कुंजी हथि॥

–गुरु रामदास

बुल्लेशाह को अपना गुरु हर रंग के बीच बसा दिखाई देता है। वे कहते हैं :

बुल्लाशाह 'इनायत' आरूफ़ है
ओह दिल मेरे दा वारस है
मैं लोहा ते ओ पारस है
तुसीं ओसे दे संग घसदे हो
कीहनूं लाभकानी दसदे हो
तुसी हर रंग दे विच वसदे हो।

बुल्लेशाह अपने पीर शाह इनायत क़ादिरी की रहस्यमयी आध्यात्मिक शक्तियों के कायल थे। वे गुरु के लिए कहते थे कि उनकी देह ने इनायत का रूप धारण करके 'बुल्ला' नाम रखा है।

इनायत सच हुआ तन है
फिर बुल्ला नाम धराया है।

बुल्लेशाह को ईश्वर प्राप्ति का मार्ग दिखाने वाले इनायत शाह के प्रति अनेक काफ़ियों में अनुग्रह का वर्णन मिलता है। एक स्थान पर बुल्लेशाह कहते हैं कि हे साईं! मैं तो माता-पिता को भी त्याग कर आपकी शरण में आ गई हूं। मेरे प्रेम को स्वीकार करके मेरे आंगन में आ जाओ। मैं आप पर क़ुर्बान जाती हूं।

मापे छोड़ लगी लड़ तेरे
शाह इनायत साईं मेरे
लाईयां दी लज पाल वे
वेहड़े आ वड़ मेरे
मैं तेरे क़ुर्बान वे
वेहड़े आ वड़ मेरे।

बुल्लेशाह की भाषा व शैली

बुल्लेशाह ने अपने विचार काफ़ियों के रूप में प्रकट किए हैं। काफ़ियां गेय रूप में होती हैं अर्थात् उन्हें रागों में बांधकर गाया जा सकता है। जहां भी किसी काफ़ी को रागों में पिरोकर गाते हैं, वहां एक समां-सा बंध जाता है। क़व्वाल भी काफ़िया गाते हैं। यही काफ़ियां बुल्लेशाह की लोकप्रियता का कारण बनीं।

उन्होंने ठेठ पंजाबी भाषा में ईश्वर व गुरु के प्रति प्रेम व विरह को बहुत ही सुंदर रूप में प्रस्तुत किया। यद्यपि काफ़ियों में अरबी-फ़ारसी भाषा के शब्द भी मिलते हैं, किंतु इससे उनकी लोकप्रियता में कोई अंतर नहीं आता क्योंकि तत्कालीन समाज में इन भाषाओं का भी प्रचलन था।

बुल्लेशाह की भाषा जनसाधारण की भाषा थी। उन्होंने उसी समाज में से उदाहरण लिए, जिसके बीच वे रह रहे थे। संभवत: यही कारण था कि उनके बोल घर-घर में गूंज उठे।

उन्होंने सीहरफ़ियों की रचना भी की। सीहरफ़ी फ़ारसी वर्णमाला पर आधारित होती है। कविता का हर अंतरा वर्णमाला के एक वर्ण से प्रारंभ होता है। सभी अंतरे वर्णमाला के क्रमानुसार होते हैं। बुल्लेशाह की तीन सीहरफ़ियां मिलती हैं, जिनमें से एक अधूरी है। इन्हें भी गाया जा सकता है।

इसके अतिरिक्त उन्होंने 'बारहमाहा', 'अठवारे', 'गंढ़ा' व 'दोहे' भी रचे हैं। 'बारहमाहा' में साल के बारह महीनों के द्वारा कवि ने प्रेम व विरह को अभिव्यक्त किया है। अठवारे में सप्ताह के हर दिन के आधार पर प्रेम व विरह को प्रकट किया गया है। इसे 'सतवारा' भी कहते हैं, किंतु दो बार 'रविवार' आने के कारण 'अठवारा' नाम अधिक लोकप्रिय है।

दोहरा अर्थात् दोहे में दो-दो पंक्तियों के दोहे या चार-चार दोहों की लघु कविताएं होती हैं।

वैवाहिक संस्कारों से संबंधित लघु कविता 'गंढ़' कहलाती है। विवाह की

तैयारी, तिथि, स्वागत, नवदंपती की विदाई आदि विषयों के साथ लिखे गए गंढ़े बुल्लेशाह के आध्यात्मिक विवाह का वर्णन करते हैं। उन्होंने चालीस गंढ़े लिखे हैं। पहले व आखिरी गंढ़े में आठ-आठ दोहे हैं तथा अन्य सभी में चार-चार दोहे दिए गए हैं।

चूंकि बुल्लेशाह का अधिकांश काव्य गेय शैली में था, इसलिए प्रमाणिक व लिखित रूप में उपलब्ध न होने के बावजूद क़व्वालों की महफ़िलों में, पीरों की दरगाहों पर व सूफ़ियों की मज़ारों पर गाया जाता रहा। पीढ़ी दर पीढ़ी लोगों को मुंहज़ुबानी याद होने के कारण भले ही इनमें कुछ प्रक्षिप्त अंश जुड़ गए हों, किंतु फिर भी इन्हें बुल्लेशाह की रचनाएं ही कहा जाएगा। उनके अनेक कथन तो लोगों के बीच मुहावरों की तरह बोले जाते हैं।

अनेक कथनों से तत्कालीन राजनीतिक स्थिति का भी परिचय मिलता है; जैसे -

ना कहूं जब की
ना कहूं तब की
गर न होते गुर गोविंद सिंह
सुन्नत होती सम की।

सूफ़ी काव्य में हमें लक्षण व कल्पना बहुतायत में मिलते हैं। यहां संसार को 'मायका' व ईश्वर के घर को 'ससुराल' माना जाता है। यह संसार एक सराय है, जिसमें मनुष्य एक मुसाफ़िर की तरह ठहरता है। 'त्रिक्षण' में लड़कियां मिलकर सूत कातती है, ताकि उसे अपने प्रियतम के लिए उपहारस्वरूप ले जा सकें। बुल्लेशाह एक हीर के रूप में अपने रांझे के वियोग में तड़पते दिखते हैं। वे कहते हैं -

रांझा-रांझा करदी नी मैं
आपे रांझा होई
सद्दो नी मैनूं धीद्दो रांझा
हीर न आखो कोई।

सांसारिक मनुष्य को एक लड़की के रूप में परामर्श दिया जाता है कि उसे सत्कर्मों का सूत कातना होगा। सांसारिक आडंबरों को भुलाकर प्रभु की ओर ध्यान रमाना होगा। बुल्लेशाह उस मनुष्य रूपी लड़की को चेतावनी देते हैं कि यदि उसने लड़कपन में ही यह समय बिता दिया तो उसे आगे चलकर पछताना पड़ सकता है।

कर कत्तण बल ध्यान कुड़े
चरखा बणया रनातर तेरी
खेउन दी कर हिरस थोड़े ही
होणां नहियों होर बदेरी
मत कर कोई अज्ञान कुड़े...
राज पेका दिन चार कुड़े
* * *
जद घर बेगाने जावेंगी
मुड़ वत न ओथों आवेंगी
ओथे जा के पछतावेंगी..
* * *
जे पूणी-पूणी कत्तेंगी
तां नंगी मूल न बत्तेंगी
सौहरयां दे जा कत्तेंगी
तां काग मारे झुट कुड़े।
कत कुड़े नी वत्त कुड़े!!

बुल्लेशाह साधारण पंजाबी जीवन से ऐसे प्रतीक व अलंकार उठाते हैं जो तत्कालीन समाज के दिनचर्या के अंग थे। जहां आत्मा-परमात्मा को स्त्री-पुरुष के संबंध के रूप में प्रकट किया गया है। वहीं दूसरी ओर लैला-मजनूं, हीर-रांझा, सस्सी-पुन्नू, यूसूफ़-ज़ुलैखा भी उपमा के रूप में सामने आते हैं।

भरवासा की अशनाई दा नामक काफ़ी में सुलेमान, इब्राहीम, युनुस, ज़करिया, यहया आदि प्रेमियों के उदाहरण दृष्टव्य हैं।

भरवासा की अशनाई दा
डर लगदा बेपरवाही दा
इब्राहीम चिरवा विच पायो
सुलेमान तों भट्ट झुकवाओ
युनुस मच्छी तो निगलायो

बुल्लेशाह को पढ़ते समय ऐसा प्रतीत होता है कि वे तत्कालीन समाज में प्रचलित अन्य धर्मों व संप्रदायों के प्रभाव से अछूते नहीं थे। या यूं भी कह सकते हैं कि सूफी प्रेम धारा में जो भी सामने आता गया, वह अनुकूल भाव से स्वयं ही प्रवाहित होता चला गया। उसके लिए उन्हें भी कोई विशेष प्रयत्न

नहीं करना पड़ा होगा। यहां ऐसे ही कुछ उदाहरण प्रस्तुत हैं—

तैं कारन हब्सी होए हां
नौ दरवाजे बंद कर सोए हां
दर दसवें आन खलोए हां
कदे मन मेरी असनाई।
(नाथमत का प्रभाव)
कहूं तेग बहादुर गाज़ी हो
कहूं अपना पंथ बनाया है
(सिक्ख मत का प्रभाव)
मुरली बाज उठी अणधातां।
* * *

बंसी अचरज कान्ह बजाई।
(वैष्णव मत का प्रभाव)

रोचक व प्रेरक प्रसंग

बुल्लेशाह का मुर्शिद रूठा

बुल्लेशाह का जीवन अंधकारमय हो गया था। गुरु की नाराज़गी ने जैसे उनके पूरे जीवन पर ही प्रश्नचिह्न लगा दिया था। वे जिस आध्यात्मिक पथ पर तेजी से अग्रसर हो रहे थे, ऐसा लगा कि जैसे किसी ने उस पथ को अवरुद्ध कर दिया हो। जिन आंतरिक नेत्रों से भीतर बसे रूहानी संसार के दर्शन कर रहे थे, उसके आगे किसी ने पर्दा डाल दिया हो।

बुल्लेशाह रोते-बिलखते गुरु के द्वार पर पहुंचे, किंतु गुरु के शब्दों ने तो जैसे वज्रपात कर दिया। डेरे के भीतर से हुक्म आया कि गुरु उनका मुख नहीं देखना चाहते। विरह वेदना से पीड़ित बुल्लेशाह जल बिन मछली की तरह तड़पने लगे। डेरे से तो लौट आए, पर भूख-प्यास-नींद, सब कुछ हवा हो गया। वे दिन-रात नई मौत मरने लगे।

साई इनायत शाह से वियोग के दौरान ही बुल्ले ने ऐसी मर्मस्पर्शी रचनाएं दीं, जो किसी भी विरही को अपनी पीड़ा जान पड़ती है। उन्होंने कहा–

इश्क़ असां नाल केही कीती
लोक मरेंदे ताने
दिल दी वेदन कोई न जाणे
अंदर देस बेगाने
जिस नूं चाट अमर दी होवे
सोई अमर पछाणे
एक इश्क़ दी आंखी घाटी
जो चढ़या सो जाणे
आतश इश्क फ़राक़ तेरे ने

पल विच साड़ विखाईयां
एस इश्क़ दे साडे कोलों
जग विच देआं दुहाईयां
जिस तन लागे सो तन जाणे
दूजा कोई न जाणे...

उधर गुरु तक बुल्ले का कष्ट नहीं पहुंच रहा था। यह कहना अनुचित होगा। गुरु तो शिष्य के पल-पल का भेद जानते हैं। संभवत: इस माध्यम से वे अपने शिष्य को कोई नई सीख देना चाह रहे थे।

बुल्लेशाह का वियोग इतना बढ़ा कि वे दीवानों की तरह घूमने लगे। रात-रात भर विलाप करना, सड़कों पर मारे-मारे फिरना ही उनका काम रह गया था।

एक दिन उन्होंने एक नवविवाहिता को बाल गुंथवाते देखा तो पूछा कि वह इतने जतन से क्या कर रही है।

नवविवाहिता पिया के ध्यान में मग्न थी। उत्तर दिया –

'यह श्रृंगार तो पति को रिझाने के लिए है।'

बुल्लेशाह भी अपने मुर्शिद को पति रूप में ही मानते थे। वे बोले –

'सखी! मेरे भी केश संवार दे। मुझे भी पिया से मिलन को जाना है।'

बुल्लेशाह ने केश गुंथवाए, स्त्रियों-सा वेष बनवाकर सारंगी थाम ली। वे जानते थे कि गुरु संगीत प्रेमी थे। उन्होंने तय किया कि वे संगीत के माध्यम से ही रुष्ट गुरु को मनाएंगे। बुल्लेशाह ने नृत्य व गान में प्रवीणता पा ली।

किसी मज़ार का वार्षिक उर्स था। नाचने-गाने वालों के दल के साथ बुल्ले भी वहीं जा पहुंचे। वहीं हज़रत इनायत शाह भी उपस्थित थे। उस रात सारा नृत्य व गान समाप्त हो गया, किंतु गुरु के दीदार से आनंदित बुल्लेशाह निरंतर गाते रहे- थिरकते रहे। अंतत: उनके स्वर की तीव्रतम पीड़ा ने गुरु के हृदय को भी पिघला दिया। वे उन्हें पहचानकर बोले –

'ओए, तू बुल्ला है?'

बुल्लेशाह ने गुरु के हाथ को चूमा व माथे से लगाकर बोले –

'हुज़ूर मैं बुल्ला नहीं, मैं ते भुल्ला हां। मैनू सही रास्ते ते ला दो।'

गुरु ने अपने बुल्ले को माफ़ी देकर सीने से लगा लिया। बुल्ले ने अपनी श्रद्धा व आस्था के बल पर गुरु का खोया विश्वास पुन: अर्जित कर लिया।

असी जाणां तख़्त हज़ारे

बुल्लेशाह अपने गुरु के प्रेम में इतना मग्न थे कि उन्हें कुछ सूझता ही न था। कालांतर में कुछ ऐसी घटनाएं घटीं कि उनके हृदय पर जमा शेष धूल व विचार भी तूफान में तिनकों की तरह बह गए।

एक दिन उनके मन में इच्छा उत्पन्न हुई कि मदीना शरीफ़ की ज़ियारत की जाए। उन्होंने गुरु से कहा –

'हुज़ूर! यदि आप अनुमति दें तो मैं मदीना शरीफ़ की ज़ियारत के लिए जाना चाहता हूं।'

शाह इनायत ने पूछा–

'बुल्ले! तू वहां क्यों जाना चाहता है?'

बुल्लेशाह ने हाथ जोड़कर कहा–

'वहां हज़रत मुहम्मद का रौज़ा शरीफ है। स्वयं रसूलल्लाह ने फ़रमाया है कि जो मेरी क़ब्र की ज़ियारत करता है, मानो वह मुझे जीवित ही देख लेता है।' इनायत शाह ने कुछ न कहा। कुछ देर की चुप्पी के बाद बोले –

'इसका जवाब तीन दिन के बाद मिलेगा।'

बुल्लेशाह घर लौट आए। वे गुरु क़ी आज्ञा के बिना कुछ भी करने या कहीं जाने की कल्पना तक नहीं कर सकते थे।

इसी तरह दो दिन बीत गए। तीसरे दिन बुल्ले ने स्वप्न में रसूलल्लाह के दर्शन किए। हज़रत रसूल ने उनसे कहा –

'तेरा गुरु कहां है? जा उसे बुला।'

बुल्ला अपने मुर्शिद को बुला लाया। रसूलल्लाह ने उनके मुर्शिद को अपने समीप बिठा लिया। बुल्लेशाह रसूलल्लाह के सामने नज़रें झुकाए खड़े थे। उन्होंने ज्यों ही नज़रें उठाईं तो हैरत का ठिकाना न रहा। उनके सामने मुर्शिद व रसूलल्लाह के बजाए रसूलल्लाह के ही दोनों चेहरे उपस्थित थे। रसूलल्लाह व मुर्शिद का चेहरा एक-सा था। उनमें से एक को पहचानना कठिन हो रहा था।

बुल्लेशाह स्वप्न से जागे तो स्वयं ही निर्णय ले लिया कि उन्हें कहीं जाने की आवश्यकता नहीं थी। उनके मुर्शिद में ही सारे तीर्थ समाए थे।

इसी स्वप्न की गूंज उनके एक कलाम में भी सुनाई देती है :

हाजी लोक मक्के नूं जांदे

असां जाणां तख़्त हज़ारे

जित बल यार उसे बल काबा

भावे खोल किताबां चोर।

हाजी तो हज के लिए मक्का जाते हैं, किंतु मुझे तो तख़्त हज़ारे की ओर जाना है। जिस दिशा में मेरे यार का घर है, उसी ओर मक्का व काबा हैं, बेशक चारों किताबें खोलकर देख लो अर्थात् यार का दर ही मेरे लिए पवित्र मक्का-मदीना है।

अल्लाह की अंगूठी

बुल्लेशाह एक दिन बाज़ार से निकले तो देखा कि वहां भारी चहल-पहल थी। कोई सामान खरीदने में व्यस्त था, तो कोई बेचने में, कोई कुछ खा रहा था, तो कोई गप्प लड़ा रहा था। कोई व्यर्थ में किसी से उलझ रहा था, तो कोई किसी के प्राण तक लेने को तत्पर था।

बुल्लेशाह ने यह सब देखकर सोचा—

'इन लोगों को भला कब समझ आएगा कि ये सब एक ही ईश्वर की संतान हैं। इस तरह आपस में उलझने का मतलब है कि परस्पर भाई- भाई ही लड़ रहे हैं।' उन्होंने एक कौतुक रचा। वे सुनार की दुकान पर पहुंचे व उससे कहा—

'भाई! मुझे अल्लाह के लिए अंगूठी चाहिए।'

सुनार बोला -

'अंगूठी तो मैं बना दूंगा, किंतु आप पहले यह कहें कि उसका नाप क्या है? नाप के लिए अंगुली तो दिखाओ।'

बुल्लेशाह ने अपना हाथ आगे कर दिया—

'ये रही अल्लाह की अंगुली, इस नाप की अंगूठी बना दें।'

सुनार बोला—

'दीवाने, क्या तू अल्लाह है?'

'हां, यह अल्लाह की ही अंगूठी है।'

बुल्लेशाह की दीवानगी देख सुनार ने राह जाते मौलवी को रोककर कहा—

'ज़रा देखिए, यह बंदा पागल हो गया है। यह स्वयं को अल्लाह कहता है।'

मौलवी ने भी बुल्लेशाह से जिरह की तो वे एक ही बात पर डटे रहे कि उनकी अंगुली खुदा की अंगुली है।

मौलवी ने ऐलान कर दिया—

'यह स्वयं को अल्लाह कहता है। इस काफिर को फांसी की सजा मिलेगी।'

बाजार में चारो तरफ बात फैल गई। लोग अपने-अपने काम छोड़कर देखने लगे कि ये हो क्या रहा है।

बुल्लेशाह तो अपनी ही मस्ती में थे। उन्हें मस्जिद ले जाया गया तो पीछे भारी भीड़ चल रही थी। मस्जिद पहुंचकर उन्होंने मौलवी से पूछा–

'मुझे कहां ले आए? ये लोग कौन है?'

मौलवी ने कहा–

'तुम मस्जिद में हो, यह खुदा का घर है। ये सब खुदा के बंदे हैं।'

बुल्लेशाह ने फिर पूछा –

'मैं कौन हूं?'

मौलवी बोला –

'तुम भी अल्लाह के बंदे हो।'

बुल्लेशाह बोले –

'अच्छा, तब तो यह अंगुली भी अल्लाह की ही हुई न!'

वे जोर-जोर से हंसने लगे।

मौलवी ने तो उन्हें दीवाना जानकर छोड़ दिया, पर बुल्लेशाह ने तो अपना संदेश दे ही दिया था।

सब इक्को रंग कपाहीं दा
ताणी ताणा पेटा नलियां
पीठ नड़ा ते छब्बां छलियां
आपो आपणे नाम जतावन
वक्खे वक्खी जाहीं दा
चौसी पैंसी खद्दर धोतर दा
मलमल खाशा इक्का सूत्तर
पूणी विच्यों बाहर आवे
भगवा भेस गोसाई दा....

चीन्हा ई छड़ींदा यार

बुल्लेशाह संसार में रहकर भी मानो सांसारिक प्रपंचों से कोसों दूर थे। लोगों के तरह-तरह के तानों व बातों से उकता कर बुल्लेशाह ने स्वयं को सबसे परे करने का तरीका खोज निकाला। कहते हैं कि उन्होंने कुछ गधियां खरीद लीं ताकि लोग उन्हें नीच समझकर पास ही न आएं।

वे जल्दी ही 'गधियां वाले' के नाम से जाने जाने लगे। अब उनके पास अधिक लोग भी नहीं आते थे, किंतु एक दिन एक गरीब के विलाप ने उनका ध्यान अपनी ओर खींच लिया। उसकी पत्नी को एक मुसलमान हाकिम बलपूर्वक उठा ले गया था।

वह व्यक्ति बुल्लेशाह से इस विषय में मदद चाहता था।

बुल्लेशाह द्रवित हो उठे व उससे कहा -

'जा देख शहर में कहीं तबला व सारंगी बज रहा है?'

उस व्यक्ति ने आसपास खोज की तो एक जगह हिजड़ों को नाचते-गाते देखा। उसने बुल्लेशाह को आकर बताया।

बुल्लेशाह वहीं जा पहुंचे व मग्न होकर नाचने-गाने लगे। मस्ती में आए तो उससे पूछा -

'हाकिम कहां रहता है जो तेरी पत्नी को ले गया?'

उस व्यक्ति ने हाथ जोड़कर कहा-

'हुज़ुर! वह आमों के बाग़ व खजूर के बग़ीचों के समीप रहता है।'

वह भी यह जानने को उत्सुक था कि भला बुल्लेशाह वहां जाए बिना उसकी पत्नी को वापिस कैसे ला सकेंगे। बुल्लेशाह नाचते-नाचते ध्यान में आकर बोले -

अंबावाली बग़ीची सुनींदी
खज्जियां वाला बाग़
खोतियां वाले सद्द बुलाई

सुत्ती ऐं ते जाग

चीना ई छड़ींदा यार

चीनी ई छड़ींदा

कहते हैं कि बुल्लेशाह के मुख से यह पंक्तियां निकलते ही वह स्त्री स्वयं ही उस ओर खिंची चली आई। उस निर्धन ने पत्नी का हाथ थामा व बुल्लेशाह को धन्यवाद देकर घर लौट गया।

उधर बुल्लेशाह के पिता तक भी समाचार जा पहुंचा कि उनका पुत्र खानदान की इ़ज़्ज़त मिट्‌टी में मिलाने पर तुला है।

किसी ने उनसे जाकर कहा–

'आपका बेटा तो सैय्यदों की इज्ज़त का दिवाला निकालकर ही मानेगा। पहले तो गधियां ही पाली थीं। अब हिजड़ों के बीच नाचने-गाने लगा है।'

बुल्लेशाह के पिता एक हाथ में लाठी व एक में माला थामे वहीं जा पहुंचे। वे पुत्र से क्रोधित थे। बुल्लेशाह ने पिता को दूर से आते देखा तो मन ही मन तय कर लिया कि उनके अंतर्मन के द्वार खोलने का भी समय आ गया है। वे ज़ोर-ज़ोर से गाने लगे –

लोकां दे हत्थ मालीयां

ते बाबे दे हत्थ माल

सारी उमर पिट-पिट मर गया

खुस न सकया बाल

चीनी ई छड़ींदा यार

चीना ई छड़ींदा यार।

पिता ने जैसे ही ये पंक्तियां सुनीं तो उनके भीतर के द्वार खुल गए। वे भी हाथ की माला फेंककर, झूम-झूम कर गाने लगे –

पुत्तर जिन्हां दे रंग-रंगीले

मापे वी लैंदे तार

चीना ई छड़ींदा यार।

बुल्ला की जाणा मैं कौन....

बाबा बुल्लेशाह इस एक अल्लाह, ईश्वर व तत्त्व की बंदगी में इतने तल्लीन हो गए थे कि उनका अहंभाव बिल्कुल मिट गया था। उनके भीतर छिपी 'मैं' के निकलते ही पूरा संसार प्रेममयी हो गया। उनके लिए सभी एक ही पिता की संतान थे। हिंदू-मुसलमान, सिक्ख-ईसाई का कोई अस्तित्व ही नहीं रहा।

उनके जीवन की इस घटना से उनकी इसी मानसिक अवस्था का बड़ा सुंदर परिचय मिलता है। कहते हैं कि वे एक बार अपने डेरे में बैठे ध्यान कर रहे थे। रमज़ान का महीना था। उनके कुछ शिष्य बाहर बैठे गाजरें खा रहे थे। तभी कुछ मुसलमान वहां से निकले। उन रोज़ादार मुसलमानों ने इन लोगों को गाजरें खाते देखा तो सोचा कि कुछ मुसलमान एक फ़क़ीर के डेरे पर बैठकर रोज़ा तोड़ रहे हैं। उनके क्रोध की सीमा न रही।

वे घोड़ों से उतरें व शिष्यों से कहा—

'शर्म-हया बेच खाई है? रमज़ान के पाक महीने में एक फ़क़ीर के डेरे पर रोज़ा तोड़ रहे हैं?'

शिष्यों ने ज़्यादा परवाह न करते हुए कहा—

'भाई लोग, तुम अपनी राह लो। हमें भूख लगी है। ज़रा शांति से भूख मिटाने दो।'

उन मुसलमानों को शंका हुई कि ये लोग मुसलमान हैं भी अथवा नहीं? उन्होंने पूछा—

'क्यों....क्या तुम लोग मुसलमान नहीं हो?'

शिष्य बोले—

'हैं तो मुसलमान, पर मुसलमान को भूख नहीं लगती क्या?'

उन मोमिनों को और भी गुस्सा आ गया। उनके मना करने पर भी शिष्य नहीं माने, तो उन्होंने सबको दो-दो थप्पड़ रसीद कर दिए। इतने में एक मोमिन बोला –

जिहो जेहे कुज्जे
ओहो जेहे आले

'जैसे चेले वैसा पीर, चलो जरा इनके पीर के भी दर्शन करके थोड़ा मज़ा चखा आएं।'

वे कोठरे में पहुंचे तो बुल्लेशाह आंखें बंद किए बैठे थे। उन्होंने ज़ोर से आवाज़ दी –

'अरे, तू कौन है?'

बुल्लेशाह ने आंखें नहीं खोलीं, बस बाज़ू ऊंचे करके हाथ हिला दिए, मानो कहना चाहते हो कि वे उन प्रश्नों से कोई लेन-देन नहीं रखते। मोमिन उन्हें दीवाना समझकर लौट गए। शिष्य भागे-भागे भीतर आए व बुल्लेशाह को उलाहना दिया :-

'हमें तो बड़ी मार पड़ी। उन्होंने आपसे कुछ न कहा।'

बुल्लेशाह ने पूछा–

'तुमने अवश्य ही कुछ कहा होगा?'

'हां, उन्होंने मज़हब पूछा था।'

'तो – तो तुमने क्या कहा।' बुल्लेशाह हंस दिए।

'कुछ नहीं, हमने कह दिया कि हम मुसलमान हैं।' बुल्लेशाह ठठाकर हंस दिए व बोले–

'बेटा जी! कुछ बने हो इसलिए मार खाई है। हम कुछ नहीं बने, इसलिए हमसे किसी ने कुछ कहा भी नहीं।'

फिर वे स्वयं ही बुदबुदाने लगे :

बुल्लया की जाणां, मैं कौन?
ना मैं मोमिन विच मसीतां
ना मैं विच कुफ़र दियां रीतां
ना मैं पाक आं विच पलीतां
ना मैं मूसा ना फिरऔन
ना मैं विच्च पलीती पाकी
ना मैं विच शादी, ना ग़मना की
ना मैं आर्बी, ना मैं ख़ाकी
ना मैं आतिश, ना मैं पौन
ना मैं भेव मज़ब दा पाया

ना मैं आदम-हव्वा जाया
ना कुछ अपणा नाम धराया
ना विच बैठक ना विच मौण
अव्वल आरवर आप नूं जाणां
ना कोई दूजा आप पछाणां
मैथों वध न कोई सिआणा
बुल्लया ओह खड़ा है कौण?
बुल्लया की जाणा मैं कौन?

बाज़ी लै गए कुत्ते

बाबा बुल्लेशाह मुर्शिद के रंग में ऐसे रंगे कि कुछ सूझता ही न था। रोज मुर्शिद के दरवाजे पर उसी उमंग, उत्सुकता व उत्साह से जाते, जिस तरह कभी पहले दिन गए थे। वे तो अपने ही उछाह में चले जा रहे थे। एक दुष्ट प्रवृत्ति के व्यक्ति ने उन्हें देखा तो बोला–

'अरे कुत्ते! कहां-कहां लूट-लूट घूमता है?'

(यहां लूट-लूट शब्द पंजाबी का है, जिसका अर्थ है निरुद्‌देश्य घूमना)

बुल्ले के क़दम ठिठक गए। उस व्यक्ति को लगा कि दीवानगी के आलम में कहीं बाबा वार ही न कर दे। वह जैसे ही उल्टे पांव भागने को हुआ कि बुल्लेशाह ने उसके दोनों हाथ पकड़कर चूम लिए व बोले–

'अल्लाह! तेरी दुआ क़बूल करें।'

यह कह कर बुल्लेशाह ने अपनी राह ली। वह व्यक्ति तो भौंचक्का रह गया। उसे तो यह समझ नहीं आ रहा था कि उसने बुल्ले को दुआ कब दी। वह तो उन्हें कुत्ता कहकर गाली दे रहा था।

केवल वही नहीं, उसके आसपास से निकलते लोगों को भी कुछ समझ नहीं आया। जिस दुष्ट को मार पड़नी चाहिए। बुल्ले ने उसी के हाथ चूमे थे।

एक सज्जन से तो रहा ही नहीं गया। वे वहां से झटपट भागे व बुल्लेशाह के पास जाकर बोले -

'कैसी अजीब बात है। उसने गाली दी और आप उसी के हाथ चूमते हैं। मुझे तो कुछ समझ नहीं आया।'

बुल्लेशाह बोले -

'कुत्ता कोई गाली नहीं। यदि उसने मुझे कुत्ता कहा तो यह मेरा अहोभाग्य है। यदि मुझमें कुत्ते के गुण आ जाएं तो लोक-परलोक दोनों ही संवर जाएंगे।'

वह व्यक्ति सिर खुजलाने लगा।

'भई! मैं तो कुछ नहीं समझा।'

'कुत्ते में कितनी ख़ूबियां होती हैं। वह कभी अपने मालिक का साथ नहीं छोड़ता। भले ही जान चली जाए, स्वामीभक्ति निभाता है। मालिक डांटे-फटकारे-मारे, परंतु फिर भी उसके पांव चाटता है। नींद भुलाकर उसकी रखवाली करता है। भले ही कितना दूर छोड़ आओ, फिर से उसी दर पर आ जाता है। उस आदमी ने मुझे कुत्ता कहा, कितनी बड़ी दुआ दे दी।'

यदि मैं भी कुत्ता बन जाऊं तो मेरे मन में गुरु व अल्लाह के लिए वफ़ादारी आ जाएगी। लाख दुत्कारे जाने पर भी मैं उस दर से नहीं हटूंगा। कुत्ता बनने से बड़ी दुआ हो भी क्या सकती है।'

बुल्लेशाह ने हंसकर कहा व गुनगुनाते हुए आगे बढ़ गए :

रातीं जागे करें इबादत
रातों पागल कुत्ते
तैकूं उत्ते
भौंकनों बंद भूल न हुंदे
जा रूड़ी ते सुत्ते
तैंकूं उत्ते
ख़सम अपने दा दर ना छड़दे
भावें वज्जण जुत्ते
तैकूं उत्ते
बुल्लेशाह कोई वस्त विहाज लै
नहीं ते बाज़ी लै गए कुत्ते
तैकूं उत्ते।

जो देता है, सो पाता है

बुल्लेशाह तो थे दीवाने। अपनी मस्ती में झूमते-झामते कहीं भी निकल जाते। गोविंद शाह ने भी उनकी टेक पकड़ ली और साथ रहने लगे। फिर तो ये दो दीवाने जहां भी बैठ जाते, वहीं प्रभु के मस्तानों की टोली जम जाती।

एक दिन वे एक गांव में ठहरे। वहां जगजीवन नामक बालक को इनका रूप ऐसा भाया कि बस इनके संग ही हो लिया। हर समय उनका मुंह जोहता रहता कि सेवा का अवसर मिले तो कहीं से न छूट जाए। अचानक बुल्लेशाह बोले –

'जा बेटा, थोड़ी आग ला दे।'

जगजीवन आग लेने भागा। साथ ही वापसी में दूध से भरी छोटी मटकी भी ले आया। संतों ने छककर दूध पिया व जगजीवन को ढेरों आशीर्वाद भी मिले।

वे तो हुए सत्संग में मग्न, पर बालक के चेहरे पर चिंता की रेखाएं थीं। शायद वह घर में किसी से कुछ भी कहे-सुने बिना ही दूध ले आया था। मां को भी नहीं पता था कि वह फ़क़ीरों की सेवा के लिए दूध ले जा रहा है। बुल्लेशाह माथे पर हाथ फिराकर बोले –

'चिंता कैसी? जो देता है, सो पाता है।'

फ़क़ीरों ने आगे की राह ली व जगजीवन को घर भेज दिया। बालक घर पहुंचा तो कौतूहलवश दूध के मटके को देखा, जिसमें से चुपचाप दूध निकाल ले गया था। यह क्या, उसमें तो दूध लबालब छलक रहा था। जगजीवन के मन की ग्लानि मिट गई।

उसे अहसास हुआ कि इन फ़क़ीरों में कोई तो ख़ास बात थी। वह घर से बदस्तूर भागता चला गया व गांव की सीमा तक जा पहुंचे बुल्लेशाह को जा घेरा।

उनसे बोला –

'मुझे अपना चेला बना लो। जैसे मेरी दूध की मटकी लबालब छलकी। ऐसे ही मैं भी भर जाऊं। बस यही आशीर्वाद दे दो।'

बुल्लेशाह ने बहुतेरा समझाया कि वह अभी बालक है, किंतु जगजीवन के हठ के आगे उनकी एक न चली। उस बालक ने गुरु का आशीर्वाद पाया व उसके जीवन में एक क्रांति घट गई। उसका चोला ही बदल गया। उसने पूरे दिल से, सच्ची लगन से जो मांगा था, उसे पाते ही जीवन रूपांतरित हो गया। सच्चे सद्गुरु की मेहर हो जाए तो मनुष्य को सोना बनते देर नहीं लगती।

बुल्लेशाह गुनगुनाते हुए आगे चल दिए :

पाया है कि छु पाया है
मेरे सतगुरु अलख लखाया है
कहूं बैर पड़ा कहूं बेली है
कहूं मजनू है कहूं लेली है
कहूं आप गुरु कहूं चेली है
आप आपका पंथ बताया है
पाया है किछु पाया है
मेरे सतगुरु ने अलख लखाया है।

भाग – 2

चुनी गई काफ़ियां

(भावार्थ सहित)

बुल्ले नूं समझावण आइयां

बुल्ले नूं समझावण आइयां
मैणां ते मरजाइयां
मन लै बुल्लया कैहणा साडा
छड्ड दे पल्ला राइयां
आल नबी औलाद अली नूं
तू क्यों लीका लाहयां
जेहड़ा सानूं सैय्यद सद्दे
दोज़ख मिलण सज़ाइया
जो कोई सानूं काई आखे
भिश्ती पींघा पाईआं
राई साँईं सभनी थाईं
रब्ब दीआं बेपरवाहियां
सोहणियां परे हटाइयां
ते कोसियां लै गल लाइयां
जे तू लोड़ें बाग़ बहारां
चाकर हो जा राहयां
बुल्लेशाह दी ज़ात की पुछणै
शाकर हो रज़ाइआं

हिंदी भावार्थ

इस काफ़ी का बुल्लेशाह के जीवन की एक घटना से गहरा संबंध है। उन्होंने हज़रत इनायत शाह को अपना गुरु बना लिया था जो कि अराई जाति से थे। जबकि बुल्लेशाह स्वयं सैय्यद जाति से थे, जिसे कुलीन माना जाता है। अब कोई कुलीन वंश का व्यक्ति अपने से नीची जाति के व्यक्ति को गुरु धारण

करे तो आसपास के सांसारिक मित्रों, आत्मीयों व संबंधियों का रोष स्वाभाविक ही होता है क्योंकि वे इस संबंध की पवित्रता व उन्नत आध्यात्मिक अवस्था का अनुमान नहीं लगा पाते।

यहां उनकी बहनें व भाभियां इस विषय में जानने के बाद समझाने आती हैं व कहती हैं कि बुल्लेशाह! हमारा कहना मान ले। इस अराई का साथ त्याग दे, जो खेती-बाड़ी करके व सब्ज़ियां उगाकर अपनी आजीविका कमाता है। तू तो हज़रत के पाक ख़ानदान से संबंध रखता है, तू तो अली का वंशज है। इस तरह की ज़िद से निंदा का कारण मत बन। तूने उस नीची जाति के व्यक्ति को गुरु क्यों बना लिया। इससे चारों तरफ लोकनिंदा हो रही है।

बुल्लेशाह कहते हैं कि जो हमें सैय्यद कहेगा, वह नर्क की सज़ा पाएगा और हमें अराई कहने वाले को स्वर्गों में वास मिलेगा। ऐसी जाति पर धिक्कार है जो मुझे मेरे गुरु से दूर रखे। अब तो जो जाति मेरे गुरु की है, वही जाति मेरी भी है।

ईश्वर कितना बेपरवाह है कि अब तो मुझे चारों ओर अराई ही अराई दिखता है। ऐसा लगता है मानो उसने अप्सराओं को परे हटाकर असुंदरियों को ही गले से लगा लिया हो।

यदि तू भी प्रभु को पाने के उस आनंद का स्वाद चाहता है तो अराई गुरु का चाकर बन जा। अरे भई! अब तुम बुल्लेशाह की जाति क्यों पूछते हो। वह तो खुदा की ही मर्जी पर चल रहा है। खुदा ही चाहता है कि बुल्लेशाह इनायत शाह को अपना मुर्शिद बना ले।

हाजी लोक मक्के नूं जांदे

हाजी लोक मक्के नूं जांदे
मेरा रांझा माटी मक्का
नी मैं कमली हां
मैं तो मंग रांझे दी होईआं
मेरा बाबल करदा धक्का
नी मैं कमली हां
हाजी लोक मक्के नू जांदे
मेरे घर विच नौशौह मक्का
नी मैं कमली हां
विच्चे हाजी विचे ग़ाज़ी
विच्चे चोर उचक्का
नी मैं कमली हां
हाजी लोक मक्के नू जांदे
असां जाणां तख़्त हजारे
नी मैं कमली हां
जित वल यार उते वल काबा
भावें फोल कितावां चारे
नी मैं कमली हां।

हिंदी भावार्थ

इस काफ़ी में बुल्लेशाह ने स्वयं को पगली प्रेमिका के रूप में चित्रित किया है जिसे अपने प्रियतम के सिवा संसार में कुछ दिखाई ही नहीं देता। उसके लिए तो उसका प्रभु ही सारे तीर्थ बन गया है।

वह कहती है कि लोग हज के लिए मक्का जाते हैं, पर मुझे तो मेरा रांझा ही मक्का लगता है। दुनिया वालों की नज़र में मैं बावरी ही हूं।

मेरे पिता ने जाने मन में क्या ठानी है। वह ज़बरदस्ती अपनी मनवाना चाहता है, पर मेरा विवाह तो रांझे के साथ तय हो चुका है। मैं तो ऐसी बावरी हूं, जिसे उसकी बात से डिगाया नहीं जा सकता।

हाजी लोग तो हज करने के लिए मक्का जाते हैं, परंतु मुझे तो मेरा वर (मुर्शिद) ही मक्का प्रतीत होता है। मैं उसी के प्रेम में दीवानी हूं।

मेरे मन में ही हाजी (सद्गुण) व चोर-उचक्के (दुर्गुण) बसे हैं। अरे! मैं तो अपने प्रियतम की दीवानी हूं।

हाजी लोग तो मक्के की तरफ जा रहे हैं, पर मैं तो अपने गुरु के तख़्त हज़ारे की ओर जाऊंगी क्योंकि मैं उसके नाम की दीवानी हूं। यहां तख्त हज़ारे शब्द रांझे के गांव के लिए प्रयुक्त है।

मेरा यार जिस ओर है, मेरा तो काबा भी वहीं है। कोई भी किताब या ग्रंथ खोलकर देख लो, यही सच तुम्हारे सामने आ जाएगा। रे, मैं तो पगली हूं।

सभी धर्मग्रंथ यही साक्षी देते हैं कि जहां प्रभु रहता है, वहीं सच्चा काबा है। वह प्रभु हमारे भीतर रहता है, अतः सच्चा काबा हमारे भीतर ही है।

मुरली बाज उठी अणधातां

मुरली बाज उठी अणधातां
सुण के भुल्ल गइयां सम बातां
लग्ग गए अनहद बाण न्यारे
झूठी दुनिया कूड़ पसारे
साँई मुक्ख बेखण बनजारे
मैनूं भुल्ल गईयां सम बातां
हुण मैं चंचल मिरग फहाया
ओसे मैनूं बंन्ह बहाया
सिरफ़ दुगाना इश्क़ पढ़ाया
रह गइयां त्रै यार कातां
बूहे आण खलोता यार
बाबल पुज्ज पेआ तकरार
कलमे नाल जे रहे विहार
नबी मुहम्मद भरे सफ़ातां।

हिंदी भावार्थ

यहां अनहद शब्द रूपी मुरली की चर्चा की गई है। बुल्लेशाह कहते हैं कि मेरे अंतर में अनहद ध्वनि की जो मुरली बज रही है। उसे सुनकर मैं सब कुछ भूल गई हूं। इसके ऐसे विचित्र तीर लगे हैं कि मेरा हृदय बींध गया। यह सारा संसार नाशवान है। चारों तरफ झूठ का ही साम्राज्य है। अब तो मेरे मन में उस प्रियतम के दर्शन की ही उत्कट इच्छा है। मैं बाकी सब बातें भूल गई हूं।

मेरा मन चंचल मृग की तरह डोलता था, उसी ने मुझे आज बांध कर बिठा दिया है। उसी ने मुझे प्रेम का गीत पढ़ाया है, जिसकी केवल एक-दो पंक्तियां पढ़नी ही शेष रह गई हैं।

जो व्यक्ति अनहद शब्द रूपी कलमे में स्वयं को लीन कर देता है, प्रभु स्वयं ही उसके भीतर दैवीय गुण भर देते हैं।

देखो नी की कर गया माही

देखो नी की कर गया माही
लै दे के दिल हो गया राही
अंमा झिड़के बाबल मारे
ताने देंदे वीर प्यारे
जे मैं बुरी बुरयार वे लोका
मैनूं दिओ उत्ते वल त्राही
बूहे ते उस नाद बजाया
अक्ल फ़िकर सम या गवाया
अल्ला दी सौंह अल्ला जाणे
हसदयां गल विच पै गई फाही
रौह वे इश्क़ां की करें अखाड़े
मनसूर जेहे सूली ते चाढ़े
आण बली जद नाल असाडे
बुल्ला मुंह तो लोई लाही
देखो नीकी कर गया माही
लै के दिल हो गया राही।

हिन्दी भावार्थ

यहां बुल्लेशाह अपने मुर्शिद से हुई भेंट के बाद घटने वाली घटनाओं व अपने भीतर हो रहे परिवर्तनों की चर्चा करते हुए कहते हैं कि प्रियतम आत्मा रूपी प्रेमिका का दिल चुराकर परदेस चला गया है। मुझे तो घर-बार कहीं की भी सुध नहीं रही। माता-पिता फटकारते हैं, प्यारे भाई ताने देते हैं। मैं कहती

हूं कि अगर मैं सबसे बुरी हूं तो मुझे मेरे प्रियतम की ओर ही धकेल दो। प्रियतम ने मेरे हृदयरूपी द्वार पर अनहद का ऐसा अद्भुत नाद बजाया है कि मैं अपनी सुधबुध गंवा बैठी हूं। मैंने तो हंसते-हंसते उससे प्रीति लगाई थी, किंतु अब वही प्रीति मेरे गले की फांसी हो गई है। मंसूर ने स्वयं को 'सत्य' क्या कहा, उसे सूली पर ही चढ़ा दिया गया। मुझ पर भी प्रेम का ऐसा नशा चढ़ा है कि मैं दीन-दुनिया की लोक-लाज भुला बैठी हूं। अब तो मैं इस राह पर निकल ही पड़ी हूं। चाहे जो भी हो, मैं अपना क़दम पीछे नहीं हटा सकती।

साँईं छप तमाशे नूं आया

साँईं छप तमाशे नू आया
तुसीं रल-मिल नाम ध्याओ
लटक सज्जण दी नाहीं छपदी
सारी ख़लक़त सिकदी तपदी
तुसी दूर न ढूंडण जाओ
तुसी रल मिल लाभ ध्याओ
रल मिल सईओ आतण पाओ
इक बंने विच जा समाओ
नाले गीत सज्जण दा गाओ
तुसीं रल मिल नाम ध्याओ
बुल्ला बात अनोखी एहा
नच्चण लगी तो घुंघट केहा
तुसीं परदा अखवीं थीं लाहो
तुसीं रल मिल नाम ध्याओ।

हिंदी भावार्थ

यहां बुल्लेशाह यह भाव प्रकट कर रहे हैं कि ईश्वर हमसे दूर नहीं है। वे कहते हैं कि हम सबको मिल-जुल कर उसके नाम का स्मरण करना चाहिए। उस प्रियतम से प्रीति को छिपाया नहीं जा सकता। सारा संसार उसी के लिए तो तड़प रहा है। तुम उसे खोजने के लिए कहीं दूर न जाकर, ध्यान रमाओ। अपने ही भीतर खोजो। भक्तों, सब मिलकर सत्संग करो, उसके नाम का ध्यान करो। एकाकार होकर उसकी लौ से लौ लगा लो। बुल्लेशाह कहते हैं कि जब उसके नाम संग कर ही ली तो लाज कैसी? भला नाचने वाली को कहीं घूंघट का होश रहता है। तुम सब भी आंखों पर पड़ा मोह-माया रूपी पर्दा हटा दो व एक साथ मिलकर उस प्रभु का नाम याद करो।

साडे वल्ल मुखड़ा मोड़ वे

साडे वल्ल मुखड़ा मोड़ वे प्यारया
साडे वल्ल मुखड़ा मोड़
आपे पाईयां कुड़ीयां तैं
ते आपे खिचदा हैं डोर
साडे वल्ल मुखड़ा मोड़ वे प्यारया
साडे वल्ल मुखड़ा मोड़
अरश कुरसी ते बांगां मिलियां
मक्के पै गया शोर
साडे वल्ल मुखड़ा मोड़ वे प्यारया
साडे वल्ल मुखड़ा मोड़
बुल्लाशाह असां मरना नाहीं
(बुल्लेशाह कहते हैं कि वे मरने वाले नहीं कोई और ही मर जायेगा)
मर जावे कोई होर
साडे वल्ल मुखड़ा मोड़।

हिन्दी भावार्थ

इस काफ़ी में बुल्लेशाह अपने प्रियतम से विनती करते हैं कि हे प्रिय! मेरी ओर अपना मुख कर। तूने स्वयं ही प्रेम रूपी जाल फेंका है और अब तू स्वयं ही डोरियां भी खींच रहा है।

हे प्रियतम! मेरी तरफ निहार। जब हज़रत मुहम्मद ने गगन-मंडल में अनहद रूपी ध्वनि को सुना तो मक्का में उस रहस्य को प्रकट किया। बुल्लेशाह कहते हैं कि जो आत्मा प्रभु से मिलाप कर लेती है वह सदा के लिए अमर हो जाती है। संसारी व्यक्ति तो जन्म-मरण के चक्र में ही फंसे रहते हैं, किंतु प्रभु के प्यारे का इन बातों से कोई लेना-देना नहीं रह जाता।

हिंदू नहीं न मुसलमान

हिंदू नहीं न मुसलमान
बहीए त्रिञण तज अभिमान
सुन्नी ना नहीं हम शिया
सुल्हा कुल का मारग लीआ
मुक्खे ना नहीं हम रज्जे
नंगे ना नहीं हम कज्जे
रोंदे ना कहीं हम हंसदे
उजड़े ना नहीं हम वसदे
पापी ना सुधरमी ना
पाप पुंन की राह ना जां
बुल्ले-शाह जो हरि चित्त लागे
हिंदू तुरक दूजन त्यागे।

हिंदी भावार्थ

बुल्लेशाह अध्यात्म की उन ऊंचाईयों तक जा पहुंचे थे जहां साधक के मन से द्वैत भाव मिट जाता है। उसी भावावस्था में पहुंचकर वे कह सके कि मैं न तो हिंदू हूं और न ही मुसलमान। हम सब आत्मा रूपी सखियों को अभिमान त्याग कर परलोक गमन के लिए तैयार होना चाहिए।

न तो हम शिया है, न सुन्नी, न हम भूखे हैं और न ही संतुष्ट, न हमने वस्त्र धारण किए हैं और न ही हम निर्वस्त्र हैं। न तो हम रोते हैं और न ही हंसते हैं। हमने घर तो त्यागा है, किंतु उजड़े नहीं हैं और न ही बसे हुए हैं। हम न तो पापी हैं और न ही सुधर्मी। न तो पाप को अपनाते हैं और न ही पुण्य के मार्ग पर चलते हैं। सच तो यही है कि जो अपने चित्त को हरि (ईश्वर) में रमा देता है, उसके लिए हिंदु–तुरक जैसा कोई द्वैत ही नहीं रह जाता क्योंकि उस परमात्मा के दरबार में सभी आत्माएं धर्म, जाति, लिंग आदि के भेदभाव से परे हैं।

तूहियां हैं मैं नाहीं

तूहियां हैं मैं नाहीं वे सज्जणां
तूहियों हैं मैं नाहीं
रवूहे दे परछावें वांगू
घुम रिहा मन माहीं
जा बोलां तू नाले बोलें
चुप रहवां मन माहीं
जे सौवां ते नाले सौवें
जे तुरां तु राही
बुलशाह घर आया मेरे
जिंदड़ी घोल घुमाई
तूहियों हैं मैं नाहीं वे सज्जणा
तूहियों हैं मैं नाहीं।

हिन्दी भावार्थ

बुल्लेशाह अपने प्रभु रूपी प्रियतम को संबोधित करते हुए कहते हैं कि हे प्रिय! चारों ओर तुम ही तुम हो। मैं तो कहीं हूं ही नहीं, मानो मेरी 'मैं' का कोई अस्तित्व ही न हो। तुम मेरे मन में इस तरह चक्कर काटते रहते हो जैसे किसी कुएं में परछाई घूमती है।

जब मैं बोलती हूं तो तुम साथ बोलते हो। चुप रहती हूं तो उस खामोशी में भी तुम्हारा साथ होता है। चाहे मैं सो जाऊं, चाहे राह पर चलूं, हर जगह ओ साँई तुम मेरे साथ होते हो।

बुल्लेशाह कहते हैं कि पति-परमेश्वर मेरे घर आए हुए हैं व मैंने तन-मन-प्राण सब कुछ उन पर न्यौछावर कर दिया है।

इस उच्च आध्यात्मिक अवस्था में अहं का दूर-दूर तक कोई नामोनिशां नहीं बचता। साधक को चारों ओर केवल प्रभु ही दिखाई देते हैं।

दिल लोये माही यार नूं

दिल लोये माही यार नूं
इक हँस-हँस गल्लां कर दियां
इक रोंदिया घोंदिया मटदियां
कहो फुल्ली बसंत बहार नूं
दिल लोये माही यार नूं
मैं नहाती-धोती रह गई
इक गंढ माही दिल बह गई
माह लाइए हार सिंगार नूं
दिल लोये माही यार नूं
मैं कमली कीती दूतियां
दुःख घेर चुफेरों लीतियां
घर आ माही दीदार नूं
दिल लोये माही यार नूं
बुल्लाशाह मेरे घर आया
मैं घुट रांझण गल लाया
दुःख गए समंदर पार नूं
दिल लोये माही यार नूं।

हिंदी भावार्थ

यहां बुल्लेशाह ने प्रिय के वियोग में तड़पती विरहिणी की पीड़ा व ईर्ष्या जैसे मनोभावों का सुंदर चित्रण करते हुए कहा है कि उसका मन अपने प्रिय से मिलन के लिए तड़प रहा है। उसे इस बात से जलन होती है कि कुछ सखियां तो प्रभु रूपी प्रिय से हंस-हंस कर बातें करती हैं तो कुछ रोती-चिल्लाती यूं ही भटकती रह जाती हैं। इस बसंती बयार से कह दो कि

मैं प्रिय मिलन को व्याकुल हूं। मैंने इतने हार-श्रृंगार किए, किंतु प्रियतम के दिल में ऐसी गांठ पड़ गई कि उसने मेरी ओर देखा तक नहीं। अब इस साज-श्रृंगार को क्या आग लगाऊं? वह मिलता नहीं और मेरा मन उससे मिलने को तड़प रहा है। मुझे तो इन दूतियों-कुरतियों ने ही घायल कर दिया। शूलों से बांध कर रख दिया है। प्रिय मुझे दर्शन दो। अंत में बुल्ले कहते हैं कि जब प्रियतम घर आ गया तो मैं उससे कसकर लिपट गई व मेरे दुःख सात समंदर पार चले गए।

तेरे इश्क़ नचाइआं

तेरे इश्क़ नचाइआं कर थइआ-थइआ
तेरे इश्क़ ने डेरा मेरे अंदर कीता
भर के ज़हर प्याला मैं आपे पीता
सबदे बहुड़ी बे तबीबा
नहीं ते मैं मर गईआं
तेरे इश्क़ नचाइआं कर थइआ-थइआ
छुप गया वे सूरज बाहर रह गई लाली
वे मैं सदके होवां देवें मुड़ जे वरवाली
पीरा मैं भुल गइआं तेरे नाल न गइआं
तेरे इश्क़ नचाइआं कर थइआ-थइआ
एस इश्क़े दे कोलों मैनूं हटक न नाए
लाहू जांदड़े बेड़े केहड़ा मेड़ लिआवे
मेरी अकल जो भुल्ली नाल मुहाणयां दे गइआं
तेरे इश्क़ नचाइआं कर थइआ-थइआ
ऐसे इश्क़ दी संगी विच मोर बुलेंदा
सानूं क़िबला ते कावा सोणा यार दखेंदा
सानूं घायल करके फिर खबर न लइआ
तेरे इश्क़ नचाइआं कर थइआ-थइआ
बुल्लाशाह ने आंदा मैनूं इनाइत दे बूहे
जिसने मैनूं पवाए चोले सावे ते सूहे
जां मैं मारी है अड्डी मिल पया है वही आ
तेरे इश्क़ नचाइआं कर थइया-थइया।

हिंदी भावार्थ

इस काफ़ी में आध्यात्मिक प्रेम के रंगों की बहार दिखाई देती है। कहते हैं कि बुल्लेशाह जी ने अपने रूठे हुए मुर्शिद को मनाने के लिए ये पंक्तियां लिखी थीं। वे कहते हैं कि तेरे वियोग में तो मैं उन्मत्त होकर नाच रही हूं। सच्ची बात तो यह है कि प्रियतम, तेरे इस इश्क़ ने मेरे भीतर डेरा जमा लिया है, अब तो मैं चाहकर भी कुछ नहीं कर सकती। मैंने तेरे प्रेम का जो प्याला स्वयं पिया था, वही अब वियोग में ज़हर का प्याला हो गया है। हे मुर्शिद, जल्दी आ जा अन्यथा मैं प्राण त्याग दूंगी।

सूर्यास्त हो गया, केवल उसकी अंतिम लालिमा शेष है। यदि तुम एक बार दर्शन दे दो तो मैं तुम्हारे लिए प्राण तक न्यौछावर करने को तैयार हूं। मुर्शिद! मुझसे भूल हुई कि मैं तेरे साथ न जा सकी।

फिर बुल्ले कहते हैं कि हे मेरी मां, मुझे इस प्रेम रूपी मार्ग पर चलने से मत रोको। मैं इस पर रुकने वाली नहीं हूं। जो नौका प्रेम रूपी तूफान में बहती जा रही हो, वह भला किसी के रोके रुकती है। मेरी तो मति ही मारी गई थी जो मैं प्रेम नदी के किनारे मल्लाहों के साथ चली गई थी।

वे कहते हैं कि इस प्रभु प्रेम का तो आकर्षण ही निराला है। इस प्रेम वाटिका में मोर बोलते हैं। अपने यार में ही मैं क़िबला व काबा के दर्शन करता हूं। वह मुझे घायल करके चला गया है और बीमार करके हाल तक पूछने नहीं आया।

काफ़ी के अंत में बुल्लेशाह प्रभु के प्रति अपना आभार व्यक्त करते हुए कहते हैं कि वही मुझे दया करके ऐसे गुरु के द्वार पर ले आया है जिसने मुझे आध्यात्मिकता के अनूठे रंगों से सराबोर कर दिया है। उसी ने मुझे गहरे व हरे चोले पहनाए व प्रेम रूपी आभूषण पहनाकर प्रियतम से मिला दिया। मैं एड़ी मारकर नाचने ही लगी थी कि मुझे वही मिल गया, जिसके लिए मैं जाने कब से व्याकुल थी।

न जीवां महाराज

न जीवां महाराज
मैं तेरे बिण न जीवां
इन्नां सुक्कयां फुल्लां विच बास नहीं
परदेस गयां दी कोई आस नहीं
जेहड़े साँई साजण साडे पास नहीं
न जीवां महाराज....
तूं की सुत्ता एं चादर ताण के
सिर मौत खलौती तेरे आण के
कोई अमल न कीता जाण के
न जीवां महाराज...
की मैं खट्टया तेरी हो के
दोवें नैण गवांय को के
तेरा नाम लइए मुख धो के
न जीवां महाराज...
बुल्लाशाह बदेसों औंदा
हत्थ कंगणा ते बाहीं लटकौंदा
सिर सदक़ा तेरे नाओं दा
न जीवां महाराज...

हिंदी भावार्थ

इस काफ़ी में बुल्लेशाह ने गुरु से वियोग की पीड़ा व अंत में उनसे हुए मिलाप के आनंद का वर्णन किया है। वे कहते हैं कि मैं आपके बिना जीवित नहीं रह सकता। जिस तरह सूखे फूलों में खुशबू नहीं होती, परदेस जाने वालों की कोई आस नहीं होती, उसी तरह मैं भी आपके बिना व्याकुल हूं। वे अपनी आत्मा को संबोधित करते हैं कि जब मौत दरवाजे पर होगी तो सिर पर चादर

तानकर सोने से भी कुछ न होगा। क्योंकि तूने तो जानते बूझते अच्छे कर्म नहीं किये तो अब जब कि मोत तेरे सिर पर खड़ी है तो तू उस से क्यों मुंह छुपा रहा है? विरहिणी, वियोग में पीड़ित होकर उलाहना देती है कि मुझे तेरी होकर क्या मिला, रो-रोकर मैंने नैन गंवा दिए। हमेशा तेरा ही नाम जपती रही। हे मुर्शिद! मैं तेरे बिना जीवित नहीं रह सकती। अंत में बुल्लेशाह अपने इनायत साँई के आने की ओर संकेत करके कहते हैं कि मैं तेरे नाम पर अपने सिर का सद्क़ा करती हूं। महाराज! मैं आपके बिना नहीं जी सकती।

नी कुटीचल मेरा नां

नी कुटीचल मेरा नां
भुल्लां मैनूं सबक़ पढ़ाया
अलफ़ों अग्गे कुछ न आया
उस दीआं जुत्तियां खांदा-सी
नी कुटीचल मेरा नां
किवें किवें दो अक्खियां लाइयां
रल के सइआं मारन आइयां
नाले मारे बाबल मां
नी कुटीचल मेरा नां
साहवरे सानूं बड़न न देदे
नानक दादक पड़ो कढ़ेंदे
मेरे पेके नहिओं थां
नी कुटीचल मेरा नां
पढ़न सेत सब मारन आहीं
बिन पढ़यां हुण छड्डदा नाहीं
नी मैं मुड़ के कित बल जां
नी कुटीचल मेरा नां
बुल्लाशाह की लाई मैनूं
मत कुछ लग्गे ओह ही तैनूं
तद करेंगा तूं न्यां
नी कुटीचल मेरा नां।

हिंदी भावार्थ

'नी कुटीचल मेरा नां' काफ़ी में बाबा बुल्लेशाह विद्या व प्रेम की तुलना

कर रहे हैं। 'कुटीचल' शब्द उस ढीठ छात्र के लिए प्रयुक्त होता है जो अध्यापक द्वारा मार खाने पर भी पढ़ने में कोई रूचि नहीं लेता। यहां बुल्लेशाह कहते हैं कि मुझे मौलवी ने जब सबक़ सिखाना आरंभ किया तो मैंने अलफ़ (अल्लाह के नाम का पहला अक्षर) के आगे कुछ भी सीखने से इंकार कर दिया। मैंने उससे बहुत मार खाई, पर अपनी टेक नहीं छोड़ी। मैंने बमुश्किल उससे नेह का नाता जोड़ा है और सारे सगे-संबंधी मुझे मिलकर मारने आ गए। माता-पिता भी कोसते हुए नहीं थकते, पर मैं तो ढीठ हूं, मुझ पर इन बातों का असर नहीं होता। मुझे न तो ससुराल में घुसने देते हैं और न ही नाना-दादा के घर के संबंधी पूछते हैं। मायके में वैसे ही कोई जगह नहीं बची। पहले सब पढ़ने को कहते थे और अब उसे छोड़ने को कहते हैं। मैं कहां जाऊं, कुछ समझ नहीं आता। मैं प्रियतम को छोड़ नहीं सकता और वह मेरी तरफ ध्यान नहीं देता।

अंत में वे प्रभु रूपी प्रियतम को उलाहना देते हैं कि जैसा प्रेमरोग मुझे लगा है। यदि वही आपको भी हो जाए। तभी आप न्याय कर पाएंगे। अपने ऊपर बीतेगी तो आपको मेरी पीड़ा का अनुभव हो पाएगा।

प्यारे! बिन मसल्हत उठ जाणा

प्यारे! बिन मसल्हत उठ जाणा
तूं कदीं ते हो सयाणा
कर लै चावड़ चार दिहाड़े, थीसें अंत निभाना
जुलम करें ते लोक सतावें, छड्ड दे लोक सताणा
जिस-जिस दा वी माण करें तूं
सो वी साथ न जाणा
शहर-ख़ामोशां नूं वेख़ हमेशा
जांणा विच जग समाणा
भर-भर पूर लंघावे डाढ़ा
मलकुन - मौत मुहाणा
ऐथे हैन तनते सभ
मैं अवगुणहार निभाणा
बुल्ला दुश्मन नाल बरे विच
है दुश्मन बल ठाणा
महबूब-रबानी करे रसाई
ख़ौफ जाए मलकाना।

हिंदी भावार्थ

यहां बुल्लेशाह जी ने सांसारिक मोह–माया के पंजे में फंसे जीव को सचेत करते हुए विवेक से काम लेने को कहा है। वे कहते हैं कि प्यारे! तू इस संसार से भलाई किए बिना ही चला जाएगा, कुछ तो समझ से काम ले। चाहे जितनी भी मनमर्ज़ी कर ले। एक दिन इस शरीर ने जवाब दे देना है। तू सारी दुनिया पर ज़ुल्म करता है। अब यह धंधा बंद कर दे। तुझे जिन–जिन वस्तुओं पर भी मान है,उनमें से कुछ भी तेरे साथ नहीं जाएगा। ज़रा एक नज़र उस श्मशान पर भी तो डाल। तुझे भी तो वहीं जा समाना है। यमराज बड़ा बलवान है। चाहकर भी उससे किसी का छुटकारा नहीं है। यहां सभी मन के विकारों से घिरे हैं। अब तो उस प्रभु की दया व प्रेम का प्रसाद मिल जाए तभी मौत के फरिश्ते का भय छूट सकता है।

पिया-पिया करते

पिया-पिया करते
हमीं पिया होए
अब पिया किस नूं कहिए
हिजर वसल हम दोनों छोड़े
अब किस के हो रहिए
मजनूं लाल दीवाने वांगू
अब लैला हो रहिए
बुल्लेशाह मेरे घर आए
अब क्यों ताअने सहिए।

हिंदी भावार्थ

यहां बुल्लेशाह कहते हैं कि पिया-पिया करते हमीं पिया रूप हो गए हैं। अब हमें किसी को भी पिया कहने की आवश्यकता नहीं है। हम तो उस अद्भुत अवस्था में जी रहे हैं जहां संयोग तथा वियोग, दोनों ही छोड़ दिए हैं। अब हम किसके होकर जीएं। जिस प्रकार मजनूं, लैला का दीवाना होकर उसी में समा गया था, उसी तरह हम भी प्रियतम में समाकर उसी का रूप बन गए हैं। बुल्ला कहता है कि अब तो शाह मेरे ही मन-मंदिर में समा गए हैं। अब मैं किसी के ताने क्यों सहूं? यहां वे कहना चाहते हैं कि मनुष्य जिसका स्मरण निरंतर करता है, वह उसी का रूप हो जाता है।

बुल्ला की जाणे ज़ात इश्क़ दी कौण

बुल्ला की जाणे ज़ात इश्क़ दी कौण
ना सूहां न कम बखेड़े
वंअे जागण सौण
राझें नूं मैं दवां गालियां
मन विच करां दुआई
मैं ते रांझा इक्को कोई
लोकां नू अज़माई
जिस बेले विच बेली दिस्से
उस दीआं लवां बलाई
बुल्लाशाह नूं पासे हड्ड के
जंगल बल न जाई
बुल्ला की जाणे ज़ात इश्क़ दी कौन

हिंदी भावार्थ

इस काफ़ी में बुल्लेशाह कहते हैं कि ईश्वर के प्रति प्रेम तो हर प्रकार के धर्म, जाति, देश, रंग व नस्ल आदि के भेदभाव से परे है। प्रेमिका कहती है कि भले ही मैं रांझे को दुत्कारती हूं अर्थात् उस ईश्वर से झगड़ा करती हूं, किंतु मेरा मन तो उसके प्यार से लबालब भरा है। मेरा प्रिय तो इन सभी आडंबरों व झगड़ों से कहीं परे है। हम तो केवल लोगों को आज़माने के लिए ही इस तरह लड़ने का दिखावा करते हैं।

जिस स्थान पर मेरे प्रेम का निवास है, मैं उस पर सौ-सौ बार बलिहारी जाती हूं। बुल्लेशाह कहते हैं कि प्रियतम तो मन में ही बसा है, उसे अनदेखा करके वनों में उसकी तलाश करना व्यर्थ है। इश्क़ की कोई जाति नहीं होती।

बस कर जी

बस कर जी हुण बस कर जी
इक बात असां नाल हस्स कर जी
तुसी दिल मेरे विच वसदे हो
ऐवें साथों दूर क्यों नसदे हो
नाले धत्त जादू दिल खसदे हों
हुण कित वल जासो नस्स कर जी
तुसी मोयां नूं मार व मुकदे सी
खिद्दो वांग खूंडीं नित कुट्रदे-सी
गल्ल करदयां दा गल घुट्रदे-सी
हुण तीर लगायो कस्स कर जी
तुसीं छपदे हो असां पकड़े हो
असां ना ज़ुल्फ़ दे जकड़े हो
तुसीं अजे छपण नूं तकड़े हो
हुण जाण न मिलदा नस्स कर जी
बुल्लाशाह मैं तेरी बरदी हां
तेरा मुख बेखण नूं मरदी हां
नित सौ-सौ मिनतां करदी हां
हुण बैठ पिंजर विच धस्स कर जी।

हिंदी भावार्थ

रूठे साईं को मनाते हुए बुल्लेशाह कहते हैं कि अब तो मुझे बहुत सजा मिल चुकी है। अब नाराज़गी छोड़कर मुझसे बात करो। एक ओर तो तू अपने जादू से मेरे दिल को अपनी ओर खींचता है तो दूसरी ओर मुझसे दूर भी भागता है। अब कहीं जाकर लगता है कि तुम मेरे वश में आने वाले हो। मैं तुम्हें कहीं दूर नहीं जाने दूंगा।

तुम इतने निर्दयी व कठोर कैसे हो सकते हो कि मरे हुए को भी मारते रहते हो व तुम्हारा मारना कभी खत्म नहीं होता। तुम मुझे गेंद की तरह खूंटी से पीटते हो। बात करना चाहता तो गला घोंट देते हो। इस बार तो तुमने जो बाण चलाया है, उसने मुझ पर गहरा वार किया है।

तुम छिपना चाहते हो, किंतु हमने तुम्हें कसकर पकड़ लिया है। केवल पकड़ा ही नहीं बल्कि तुम्हें जी-जान से जकड़ लिया है। हम जानते हैं कि तुम बलवान हो और अभी भी भागकर छिपने की शक्ति रखते हो, किंतु अब तो तुम्हें मेरे अस्थिपंजर में ही रहना होगा।

अंत में बुल्लेशाह प्रेमिका रूप में कहते हैं कि हे प्रियतम! मैं तो तेरी दासी हूं। तेरे दर्शन पाने के लिए तो मैं प्राण तक न्यौछावर कर सकती हूं। मैं तुम्हारे आगे हाथ जोड़कर प्रार्थना करती हूं कि मेरे दिल में इस तरह बस जाओ कि फिर कभी बाहर ही न निकल सको। यह सब सुनने के बाद दौड़कर किधर जाओगे।

शब्दों की मिठास और विरह-संयोग के बीच झूलती प्रेमिका का मार्मिक चित्रण सचमुच को मन मोह लेता है।

मैणां मैं कतदी-कतदी छुट्टी

मैणां मैं कतदी-कतदी छुट्टी
पछूछी पड़ी पिछवाड़े रह गई
हत्थ विच रह गई जुट्टी
अग्गे चरख़ा पिच्छे पीहड़ा
मेरे हत्थों तक तरुट्टी
भौंदा-भौंदा ऊरा डिग्गा
चंब उलझी तंद टुट्टी
भला होय मेरा चरख़ा टुट्टा
मेरी जिंद अज़ाबो हुट्टी
दान-दहेज नूं उस की करनां
जिस प्रेम कटोरी मुट्ठी
बुल्ला शौह ने नाच नचाई
घुंम पई कड़ कुट्टी।

हिंदी भावार्थ

इस काफ़ी में प्रेम व भक्ति के साथ चरख़े का बहुत ही सुंदर समायोजन किया गया है। यहां प्रेमिका कहती है कि मैं तो भक्ति का सूत कातते-कातते थक गई। पूनियों की छोटी टोकरी तो पीछे ही रह गई। हाथ में केवल पूनियों का जोड़ा आया है। चरख़ा आगे व बैठने का पीढ़ा पीछे होने के कारण मेरे हाथ से धागा ही टूट गया। जिस पर सूत का धागा लिपटता है, वह गिर गया और तकले को सहारा देने वाली चंब उलझने से धागा टूट गया। बहुत अच्छा हुआ कि यह सांसारिक लोककर्म रूपी चरख़ा टूट ही गया। मैं इन सभी प्रपंचों से मुक्ति पा गई। जिस इंसान के हाथ में प्रेम रूपी कटोरी आ जाती है उसे किसी दूसरी करनी की आवश्यकता नहीं रह जाती। प्रियतम ने मुझे प्रेम का नाच नचाया और मैं इतना खुलकर नाची कि चारों ओर मेरे नाच की धूम मच गई।

भावें जाण न जाण

भावें जाण न जाण वे
वेहड़े आ वड़ मेरे
मैं तेरे क़ुरबान वे
वेहड़े आ वड़ मेरे
तेरे जेहा मैनूं होर न कोई
ढूंडां जंगल बेला रोहि
ढूंडां तां सारा जहान वे
वेड़े आ वड़ मेरे
लोकां दे भाणे चाक महीं* दा
रांझा ता लोकां विच कहींदा
साडा तां दीन-ईमान वे
वेहड़े आ वड़ मेरे
आपे छोड़ लग्गी लड़ तेरे
शाह इनाइत साईं मेरे
लाइयां दी लज्ज पाल वे
वेहड़े आ वड़ मेरे।

हिंदी भावार्थ

बुल्लेशाह प्रियतमा के रूप में अपने मुर्शिद से कहते हैं कि भले ही तू मेरी वेदना को मत समझ, परंतु मुझसे दूर मत जा। मेरे लिए तुझ जैसा तो कोई भी नहीं है। मैंने सारी दुनिया व वन-प्रांतर खोज लिए, तू मेरे दिल में आकर बस जा।

चाहे लोगों को रांझा चरवाहा लगता है, पर मेरा तो दीन-धर्म व ईमान सब कुछ उसी से है। मैं अपना घर-बार व माता-पिता छोड़कर तेरी शरण में आ गई हूं। हे सतगुरु! मैं तेरी शरण में हूं, मेरी लाज रख ले।

---

* महीं-चरवाहा

मन अटक्यो शाम सुंदर सों

मन अटक्यो शाम सुंदर सों
कहूं बेखूं बाहमण कहूं शेख़ां
आप-आप करन सम लेखा
क्या क्या खेलया हुनर सौं
मन अटक्यों शाम सुंदर सों
सूझ पड़ी तब राम दुहाई
हम तुम एक न दूजा काई
इस प्रेम नगर के घर सों
मन अटक्यों शाम सुंदर सों
पंडित कौण कित लिख सुणाए
न कहीं जाए न कहीं आए
जैसे गुर का कंगण कर सों
मन अटक्यो शाम सुंदर सों
बुल्लाशाह दी पैरीं पड़िए
सीस काट कर अग्गे धटिए
हुण मैं हर देखा हर-हर सों
मन अटक्यो शामा सुंदर सों।

इस काफ़ी में बुल्लेशाह कहते हैं कि मेरा मन प्रियतम में लीन हो गया है। यहां वे कृष्ण भगवान के नाम के पर्याय श्यामसुंदर का प्रयोग करते हैं। वे कहते हैं कि वह प्यारा तो स्वयं ही हिंदू तथा स्वयं ही मुसलमान है। वह अपने ही हुनर से सौ-सौ रूपों में खेलता है। मुझे प्रेमरूपी नगरी में जाकर ही यह पता चला कि हम दोनों में कोई भेद नहीं है। प्रियतम व आत्मा भी तो एक ही है।

पंडित जाने कौन-सी पोथियां बांचता है। मेरा मन तो मेरे प्रियतम में ऐसे लटका है मानो गुरु का कंगन उनके हाथ में अटका है।

बुल्लेशाह कहते हैं कि मैं उस प्रिय के पांव पड़ता हूं। अपना सीस काट कर उसके आगे धरता हूं। अब तो मुझे हर व्यक्ति में उस हरि का ही प्रकाश दिखाई देता है।

मैं क्योंकर जावां

मैं क्योंकर जावां काबे नूं
दिल लोचे तख़्त हज़ारे नूं
लोकी सजदा काबे नूं करदे
साडा सजदा यार प्यारे नूं
औगुण देख न भूल मीआं रांझा
याद करीं उस काटे नूं
मैं अनतारू तरन न जाणां
शरम पई बुध तारे नूं
तेरा सानी कोई नहीं मिलया
ढूंढ लिआ जग सारे नूं
बुल्लाशाह दी प्रीत अनोखी
तारे औगुणहारे नूं।

हिंदी भावार्थ

यहां बुल्लेशाह बता रहे हैं कि तीर्थस्थलों में प्रभु की खोज करना व्यर्थ है। वे कहते हैं कि मैं काबे की ओर कैसे जाऊं, मेरे दिल में तो इनायत शाह के तख़्त हज़ारे की चाह है यानी प्रभु तो हमारे ही भीतर है, उसे बाहर खोजना व्यर्थ है। लोग तो काबे में जाकर माथा टेकते हैं, पर मेरा माथा तो मेरे मुर्शिद के आगे ही झुकता है।

मियां रांझे! मेरे अवगुण देखकर मुझे भुला मत देना। अपने उस वचन का पालन करना जो तूने मुझे सृष्टि में भेजते समय दिया था। तूने कहा था कि तू मुझे तारने के लिए स्वयं जगत में आएगा। अब मुझे तारने में तुझे लज्जा आती है।

मैंने इस सारे संसार का कोना-कोना खोज लिया, पर तेरे जैसा कोई नहीं मिला। तू भी अनोखा है व तेरी प्रीति बड़ी अनोखी है। तू जिस से नेह लगाता है। उसके अवगुणों के बावजूद तार देता है।

मैं चूहड़ेरड़ी आं

मैं चूहड़ेरड़ी आं
सच्चे साहिब दी सरकारों
ध्यान दी छज्जली ज्ञान का झाड़ू
काम क्रोध नित झाड़ो
मैं चूहड़ेरड़ी आं सच्चे साहिब दी सरकारों
क़ाज़ी जाणे हाकम जाणे
फ़ारग़रवती बेगारों
दिने रात मैं एहो मगदी
दूर न कर दरबारों
तुध बाझों मेरा होर न कोई
कैं वल्ल करूं पुकारों
बुल्ला शाह इनाइत करके
बखरा मिले दीदारों।

हिंदी भावार्थ

यहां बुल्लेशाह जी ने नम्रतावश स्वयं को प्रभु के दरबार की 'मेहतरानी' कहा है। वे कहते हैं कि मैं सच्चे साहिब की मेहतरानी हूं। मैं ध्यान रूपी छजली व ज्ञान रूपी झाड़ू से प्रतिदिन काम व क्रोध को झाड़ती हूं। मैं सच्चे साहिब की जमादारनी हूं।

मैं काज़ी व हाकिम की बेगार से मुक्त हो गई हूं अर्थात् इंद्रियों के भोगों व सांसारिक सुखों में लिप्त जीव मन व काल की बेगार काटते हैं, किंतु सिमरन व ध्यान में डूबे जीव ही सच्ची कमाई करते हैं। मैं तुझसे दिन-रात यही दुआ करती हूं कि मुझे अपने दरबार से दूर मत करना।

तेरे सिवा इस संसार में मेरा कोई नहीं है। मैं किस को पुकारूं। बुल्लेशाह कहते हैं कि यदि मुझ पर सतगुरु की दया-मेहर हो जाए तो ईश्वर के दर्शनों का भी सौभाग्य प्राप्त हो जाएगा।

रातीं जागे करें इबादत

रातीं जागे करें इबादत
रातीं जागण कुत्ते, तैथों उत्ते।
भौंकणों बंद मूल न हुंदे।
जा रूड़ी ते सुत्ते, तैत्थों उत्ते।
ख़सम आपणे दा दर न छड्ड दे
भावें वज्जण जुत्ते, तैत्थों उत्ते
बुल्लेशाह कोई वसत विहाज लै
नहीं ते बाज़ी लै गए कुत्ते, तैत्थों उत्ते।

हिंदी भावार्थ

इस काफ़ी में बुल्लेशाह ने कुत्ते की स्वामीभक्ति की तुलना साधक की निष्ठा से की है। वे उस कुत्ते का उदाहरण देते हैं, जो सारी रात जागकर मालिक की रखवाली करता है। मालिक के द्वार पर भौंकता रहता है। दिन में गंदगी के ढेर पर सोता है। वे कहते हैं, तुम रात भर जागकर इबादत करते हो। रात को तो कुत्ते भी जागते हैं। इसका अर्थ यह हुआ कि वे तुमसे बढ़कर हैं।

भले ही कुत्ते को मालिक कितना भी मारे या दुत्कारे, वह उसका साथ नहीं छोड़ता।

बुल्लेशाह कहते हैं कि इसके साधना रूपी मार्ग पर चलते हुए तू भी कोई कमाई कर ले वरना ये कुत्ते ही तुझसे बाजी मार ले जाएंगे। अरे वे कुत्ते तो तुझसे कहीं बढ़कर हैं।

वेक्खो नी शाह इनायत साँई

वेक्खो नी शाह इनायत साँई
मैं नाल करदा किवें अदाई
कदी आवे कदी आवे नाहीं
त्यों-त्यों मैनूं भड़कण माही
नाम अल्ला पैग़ाम सुणाईं
मुख बेखण नूं न तरसाईं
बुल्लेशॉह केरी लाई मैनूं
रात हनेरे उठ टुरदी नै नूं
जिस औझड़ तों सम कोई उरदा
सो मैं ढूंडा चाई-चाई।

हिंदी भावार्थ

बुल्लेशाह कहते हैं कि वह प्रियतम मेरे साथ किस प्रकार नाज़-नख़रे करता है। कभी मिलता है तो मन में खुशी के फूल खिल जाते हैं और जब कभी नहीं मिलता तो मैं विरह की अग्नि में तड़पने लगती हूं। मैं उससे विनती करती हूं कि मुझे और न तरसा क्योंकि मैं तेरा मुख देखने के लिए व्याकुल हूं। जाने उसने मेरे मन में कैसी प्रीत जगा दी है कि जिस तरह सोहनी महीवाल से मिलने के लिए आधी रात को नदी पार करती थी, उसी तरह मैं भी उससे मिलने को तड़पती हूं। हैरानी की बात तो यह है कि लोग जिन दुःखों से डरकर भागते हैं। मैं उन्हीं दुःखों को प्रसन्नतापूर्वक निमंत्रण देती हूं।

इक नुक़्ते विच गल्ल मुकदी ए

इक नुक़्ते विच गल्ल मुकदी ए
फड़ नुक़दा छोड़ हिसाबां नूं
कर दूर कुफ़र देआं बाबां नूं
लाह दोज़ख़ ग़ारे अज़ाबां नूं
कर साफ़ दिले देआं ख़्वाबां नूं
गल्ल ऐसे घर विच ढुकदी ए
इक नुक़्ते विच गल्ल मुकदी ए
ऐवें मत्था जिमीं घसाई दा
लंमा पा महराब दिखाई दां
पढ़ कलमा लोक हँसाई दा
दिल अंदर समझ न लआई दां
कदी गल्ल सच्ची वी लुकदी ए
इक नुक़्ते विच गल्ल मुकदी ए
कई हाजी बण-बण आए जी
गल नीले जामे पाए जी
हज बेच टके लै खाए जी
भला एह गल्ल कीहनूं भाए जी
इस जंगल बहरीं जांदे नीं
इक दाणा रोज़ बै खादै नी
बेसमझ वजूद थकांदे नी
घर आवण हो के मांदे नी
ऐवें विल्हयां विच लेंद सुकदी ए
इक नुक़्ते विच गल्ल मुकदी ए
फड़ मुरशद आवद ख़ुदाई हे
विच मस्त बेपरवाही हो...।

हिंदी भावार्थ

इस काफ़ी में बुल्लेशाह कहते हैं कि एक नुक़्ते से ही बात समझी जा सकती है अर्थात् छोटी-सी बात का मर्म जान लेने से ही संकट दूर हो जाएगा। बस इस एक नुक़्ते को पकड़ें व सब कुछ कुफ़्र समझकर त्याग दें।

अपने मन से मृत्यु व नर्क का भय निकालकर हर प्रकार के संकल्प-विकल्प को त्याग दें। यदि तुम्हारा मन साफ़ होगा, तभी वहां प्रभु का निवास हो पाएगा, इसलिए सही बात से हृदय रूपी घर को साफ़ करो।

अगर दिल ही साफ़ नहीं है तो मस्जिद में जाकर माथे टेकने व मेहराबों को साष्टांग करना व्यर्थ है। बाहर से तो लोग कलमा पढ़ते हैं, पर न तो कुछ समझ आता है और न ही दिल पर उसका कोई प्रभाव होता है। इस तरह तो लोगों को उपहास उड़ाने का अवसर ही मिलता है।

सच्ची बात कभी छिप नहीं सकती। इस एक नुक़्ते से ही सारी बात ख़त्म की जा सकती है। कई लोग नीले वस्त्र पहनकर हाजी बनकर आए, परंतु हज का पुण्य बेचकर धन कमा लिया। ऐसा हज भी किस काम का। सच्ची बात कभी नहीं छिपती।

कुछ लोग वनों में चीले काटते हैं, कुछ वनों-सागरों में जाते हैं तो कुछ अल्पाहार से शरीर को कष्ट देते हैं और अंतत: निराश होकर घर लौट आते हैं। इस तरह उनका जीवन व्यर्थ हो जाता है। ऐसे लोगों को यह समझना चाहिए कि सतगुरु की शरण में जाकर ही मन निर्मल होगा। प्रभु से मिलन के बाद ही सच्चे आनंद की प्राप्ति हो पाएगी।

इक रांझा मैनूं लोड़ीदा

इक रांझा मैनूं लोड़ीदा
कुन फचकुन अग्गे दीआं लग्गिआं
नेहों न लगड़ा चोटी दा
आप छिड़ जांदा नाल मज्झीं दे
सानूं क्यों बेलयों मोड़ीदा
इक रांझा मैनूं लोड़ीदा
रांझे जेहा मैनूं होर न कोई
मिनतां कर-कर मोड़ीदा
माण वालियां दे नैण सलोने
सूहा दुपट्टा गोरी दा
इक रांझा मैनूं लोड़ीदा
अहद अहमद विच फटक न बुल्लया
इक रत्ती भेद मरोड़ी दा
इक रांझा मैनूं लोड़ीदा।

हिंदी भावार्थ

इस काफ़ी में बुल्लेशाह कहते हैं कि मेरा तो उस प्रियतम के प्रति प्रेम जाने कब से चला आ रहा है। 'कुन फचकुन' (कुरान की आयत, जिसके अनुसार सृष्टि को प्रकट होने का हुक्म दिया गया) कहने से पहले भी हमारा नेह था। हमारे इस नेह को कौन नहीं जानता?

रांझा आप तो भैंसे चराने चला जाता है, पर हमें क्यों वापिस भेज देता है? मुझे तो अपना रांझा ही चाहिए क्योंकि मेरे लिए उससे बढ़कर कोई नहीं है। हम उसे मिन्नतें करके रोकते हैं। मानवालियों के नयन सुंदर हैं व गोरियों ने गहरे रंग के दुपट्टे ओढ़ रखे हैं।

बुल्लेशाह कहते हैं कि अहद (अल्लाह) व अहमद* (मुर्शिद) में कोई अंतर नहीं, केवल 'मीम' की मरोड़ी लगने से भेद आ जाता है। मुझे तो बस अपना रांझा चाहिए, जो मेरा प्रिय है, मेरा प्रियतम है।

---

* ह. मुहम्मद का नाम

इश्क़ दी नवियों नवी बहार

इश्क़ दी नवियों नवी बहार

जां मैं सबक़ इश्क़ दा पढ़िआ
मस्जिद कोलों जियूड़ा डरिआ
पुछ-पुछ ठाकुरद्वारे वड़िआ
जित्थे वजदे नाद हज़ार

वेद कुरानां पढ़-पढ़ थक्के
सिज़दे करदिआं घस गए मत्थे
ना रब तीरथ ना रब मक्के
जिस पाया तिस नूर अनवार

फूंक मुसल्ला मन्ज सुह लोटा
ना फड़ तसली आसा सोटा
आशक़ कहंदे दे दे होका
तरक हलालों खा मुरदार

हीर-रांझे दे हो गए मेले
भुल्ली हीर ढूंडेंदी बेले
रांझण यार बग़ल विच खेले
सुरत न रहना सुरत संभार।

हिंदी भावार्थ

यहां बुल्लेशाह इश्क़ के रूपों की तुलना बहार से करते हुए कहते हैं कि प्रेम का तो रंग ही निराला होता है। जब से मैंने प्रेम का पाठ पढ़ा है, तब से मुझे मस्जिद में जाने से भय होता है। अब मेरा मन ईंट-पत्थर से बने मंदिर-मस्जिदों से ऊब गया है और मैं शरीर रूपी ठाकुरद्वारे में प्रवेश कर गया। जहां मैंने अनहद शब्द के हजारों नाद सुने।

आप कहते हैं कि हम वेद और कुरान पढ़-पढ़ कर थक गए। सजदे करते-करते हमारे माथे घिस गए। ईश्वर न तो किसी तीर्थ में मिलता है और न ही मक्के में। उसे जिसने भी पाया है, प्रकाशमय रूप में अपने भीतर ही पाया है।

वे कहते हैं कि माला, भिक्षा मांगने का पात्र, डण्डा, लोहा, नमाज़ पढ़ने का मुसल्ला आदि साधनों को त्याग दें, फूंक दे। इस प्रेम रूपी पंथ के आशिक़ चिल्ला-चिल्ला कर कहते हैं कि तू शरीअत का मार्ग त्याग दे व प्रेम के पथ का यात्री बन जा।

आत्मा-परमात्मा के मिलन के बाद ही प्रेमिका को ज्ञात हो पाता है कि मैं जिसे वनों-पर्वतों में खोजती फिरती थी। वह तो मेरे ही भीतर बसता है।

एह अचरज साधो कौण लखावे

एह अचरज साधो कौन लखावे
छिन-छिन रूप किते बण आवे
मक्का लंका सहदेव के
भेत दोऊ को एक बतावे
जब जोगी तुम वसल करोगे
बांग कहो भावें नाद बजावे
भगती भगत नतारो नाहीं
भगत सोई जेहड़ा मन भावे
हर परगट-परगट ही देखो
क्या पंडत फिर वेद सुनावे
ध्यान धरो एह काफ़र नाहीं
क्या हिंदू क्या तुरक कहावे
जब देखूं तब ओही-ओही
बुल्लाशॉह हर रंग समावे
एह अचरज साधो कौण कहावे
छिन-छिन रूप किते बण आवे।

हिन्दी भावार्थ

यहां बुल्लेशाह कहते हैं कि प्रभु अनेक रूप धारण करके प्रकट होते हैं, मक्का में अल्लाह व लंका में राम श्री बनकर जाने वाले प्रभु एक ही हैं। जब तुम अंतर्मन में उससे मिलाप कर लोगे, तभी जान पाओगे कि मुसलमान उस अनहद शब्द को बांग तथा हिंदू नाद कहते हैं। भक्ति व भक्त की पहचान करने की कोई आवश्यकता नहीं। सच्चा भक्त तो वही होता है जो प्रभु को भाता है।

जब चारों ओर हरि का ही प्रकट रूप देखा जा सकता है तो पंडित वेदों से पढ़कर क्या सुना रहा है। ध्यान से देखो तो जान पाओगे कि कोई भी काफ़िर नहीं होता, फिर चाहे उसे हिंदू कहो या मुसलमान।

मुझे तो हर रंग-हर रूप में अपना शाह ही समाया दिखाई देता है। साधो यह अचरज क्या कहें, वह तो रूप बदल-बदल कर नित नए रूपों में सामने आता है।

उल्टे होट ज़माने आए

उल्टे होट ज़माने आए
ता मैं भेद सज्जण दे पाए
का लगड़ां नू मारन लग्गे
चिड़ियां जुरे ढाए
घोड़े चुगण अरूड़ीआं ते
गद्दों खवेद पवाए
आपणयां विच उल्फ़त नाहीं
क्या चाचे क्या ताए
प्यो पुत्तरां इत्तफ़ाक न काई
धीआं नाल न माए
सच्चयां नू पए मिलदे धक्के
झूठे कोल बहाए
अगले हो कंगाले बैठे
पिछलयां फ़रश बिछाए
भूरीआं वाले राजे कीते
राजयां भीख मंगाए
बुल्लयां हुकम हज़ूरों आया
तिस नूं कौण हटाए
उल्टे होर ज़माने आए
तां मैं भेद सज्जण दे पाए।

हिंदी भावार्थ

यहां बुल्लेशाह ज़माने की नई चाल व रंग-ढंग को परिलक्षित करते हैं व उस परिवर्तन से ही प्रभु की इच्छा को जोड़ते हुए कहते हैं कि मैंने इसी में

अपने प्रभु का भेद जाना है। अब ज़माने की चाल ऐसी है कि कौए बाज़ों को मार रहे हैं। चिड़ियां बाजों को चित्त कर रही हैं। घोड़े गंदगी के ढेर पर चुगते हैं और गधे हरे खेतों में मुंह मारते हैं।

आपसी प्रेम व सद्भाव ख़त्म हो गया है। आत्मीय जन में कोई स्नेह नहीं रहा। चाचे-ताऊ तक स्नेह नहीं रखते। यहां तक कि बाप-बेटे व मां-बेटियों के बीच भी प्यार व एका नहीं रहा।

सच्चों को धकिया कर, झूठों को पास बिठाया जा रहा है। जो खुशहाल थे, वे कंगाल हो चले हैं और कंगले क़ालीनों पर शान से पसरे बैठे हैं। ग़रीब राजा बन गए हैं और राजा भीख मांगने पर मजबूर हैं। बुल्लेशाह कहते हैं कि ये हुक्म खुदा की ओर से है तो उसे कौन टाल सकता है।

ऐसा जगया ज्ञान पलीता

ऐसा जगया ज्ञान पलीता
न हम हिंदू न तुरक ज़रूरी
नाम इश्क़ दी है मंज़ूरी
आशिक़ ने हर जीता
ऐसा जगया ज्ञान पलीता
देखो ठग्गां शोर मचाया
जमणा मरणा जा बणाया
मूरख भुल्ले रौला पाया
जिस नूं आशिक़ ज़ाहर कीता
ऐसा जगया ज्ञान पलीता
बुल्ला आशिक़ दी बात न्यारी
प्रेम वालयां बड़ी करारी
मूरख दी मत ऐवें मारी
वाक सुख़न चुप कीता
ऐसा जगया ज्ञान पलीता।

हिंदी भावार्थ

इस काफ़ी में बुल्लेशाह ने सच्चे प्रेम से उत्पन्न ज्ञान की महिमा का गुणगान करते हुए कहा है कि हम न तो हिंदू हैं और न ही मुसलमान, हमें तो केवल प्रभु के नाम की ही मंज़ूरी करनी है। मुल्ला, क़ाज़ी व पंडितों ने तो ठगी का धंधा खोल रखा है। उन्होंने ऐसे कर्मकांड बनाए हैं, जिनमें फंसकर मनुष्य आवागमन के चक्रों में ही उलझकर रह जाता है। उन मूर्खों ने सबको भुलावे में डाल दिया है, किंतु रब के आशिक़ सब कुछ प्रकट कर देते हैं। वे झूठ की एक नहीं चलने देते।

बुल्लेशाह कहते हैं कि प्रेम वालों की तो बातें ही न्यारी होती हैं। सच्चे प्रेम का ज्ञान बड़े से बड़े अंधकार को भी दूर कर देता है।

कदी आ मिल विरहों सताई नूं

कदी आ मिल विरहों सताई नूं
इश्क़ लग्गै तां है कूकें
तू की जाणे पीड़ पराई नूं
कदी आ मिल विरहों सताई नूं
जे कोई इश्क़ विहाजया लोड़े
सिर देवे पहले साँई नूं
कदी आ मिल विरहों सताई नूं
अमलां वालियां लंघ-लंघ गईया
साडिया लज्जां माही नूं
कदी आ मिल विरहों सताई नूं
ग़म दे वहण सितम दीआं कांगां
किसे क़हर कप्पर विच पाई नूं
कदी आ मिल विरहों सतई नूं।

यहां प्रियतम से प्रार्थना की जा रही है कि उसे कभी तो विरह की मारी प्रियतमा से मिलने आना चाहिए। विरह में मारी प्रियतमा कहती है कि मैं प्रेम के दुःख की मारी हूं। तू ही आकर मेरी पीड़ा हर सकता है। दुःखी नायिका के मुख से उपालंभ भी निकलता है कि प्रिय को पराई पीड़ा का आभास नहीं है। जब उसे प्रेम का रोग लगेगा, तभी वह इस पीड़ा को जान पाएगा।

बुल्लेशाह कहते हैं कि यदि प्रेम ख़रीदना है तो अपना सिर देकर इसका मोल चुकाना होगा। विरहिणी नम्रभाव से कहती है कि भजन-सिमरन करने वाली स्त्रियां तो पार हो गईं, किंतु मुझे तो आप ही भवसागर से पार ले जा सकते हैं। मेरी लाज आपके ही हाथ में है।

विरहिणी कहती है कि मैं ग़म रूपी लहरों में डोल रही हूं। मुझे तो अपने माता-पिता तक याद नहीं। बस अब तो आपके ही नाम का आसरा है। कभी विरह की सताई इस बेचारी से आकर मिल जाओ।

कदी आ मिल यार प्यारया

कदी आ मिल यार प्यारया
तेरीयां वाटां तो सिर वारया
चढ़ बागी कोयल कूकदी
नित सोज़-अलम दे फूकदी
मैनूं तवड़ी को शाम विसारया
कदी आ मिल यार प्यारया
बुल्लाशाह कदी घर आवसी
मेरी बलदी भा बुझावसी
ओह्दी वाटां तो सिर वारया
कदी आ मिल यार प्यारया
तेरीयां वाटां तो सिर वारया
कदी आ मिल यार प्यारया।

हिंदी भावार्थ

इस काफ़ी में बुल्लेशाह प्रेमिका के रूप में अपने सद्गुरु को पुकारते हुए कहते हैं कि ऐ प्यारे! कभी तो आकर मिल। तेरे इंतजार में मैंने स्वयं को उन रास्तों पर क़ुरबान कर दिया, जिनसे तूने मुझ तक आना है। बाग़ों में जब कोयल कूकती है तो दुःख-दर्द से भरे तराने गाती है और मुझ बेचारी को मेरे कान्हा अर्थात् प्रियतम ने भुला दिया है, मैं उसके रास्तों पर सब कुछ क़ुरबान करती हूं। प्यारे! कभी तो मुझसे आकर मिल। हे श्याम! तुझसे मिलने पर ही मेरी विरहाग्नि शांत होगी।

की करदा नी की करदा

की करदा नी की करदा
कोई पुच्छो खां दिलबर की करदा
इकसे घर विच वसदयां रसदयां
नहीं हुंदा विच परदा
विच मसीत नमाज़ गुज़ारे
बुत्तखाने जा वड़दा
कोई पुच्छो खां दिलबर की करदा
आप इक्को कई लक्ख धरां दे
मालक सब घर-घर दा
जित्त वल तेखां उत्त वल ओहो
हर दी संगत करदा
कोई पुच्छो खां दिलबर की करदा
मूसा ते फ़रऑन बणा के
दो हो के क्यों लड़दा
हज़र नाज़र ओही हर थां
चूचक किस नूं खड़दा
कोई पुच्छो खां
दिलबर की करदा।

हिंदी भावार्थ

बुल्लेशाह प्रभु के निराले रूपों व खेलों पर अचरज भाव प्रकट करते हुए कहते हैं कि जरा पूछो तो सही यह दिलबर क्या करता है? यह हमारे साथ एक ही घर में रहने के बावजूद परदा रखता है, जो सही बात नहीं है। पहले तो मस्जिद में नमाज़ पढ़ता है और फिर मंदिर में चला जाता है। यह स्वयं एक

होने के बावजूद लाखों घरों का मालिक कहलाता है। जहां देखो, वहीं दिखाई देता है। प्रत्येक की संगत में यही दिखता है। ज़रा पूछो तो सही कि यह दिलबर का कैसा खेल है?

हज़रत मूसा में यही था व अहंकारी बादशाह फ़राओ में भी इसी का रूप समाया था, तो दोनों के बीच संघर्ष कैसा? यदि हर जगह यही बसता है तो हीर का पिता चूचक विष देने के लिए किसे ले जाता है। ज़रा पूछकर तो देखो कि यह दिलबर कैसे खेल रचता है?

घर में गंगा आई संतो

घर में गंगा आई संतो
घर में गंगा आई
आपे मुरली आपे धनइया
आपे जादू राई
आप गवरीआ आप गड़रिया
आपे देत दिखाई
अनहद द्वार का आया गवरीआ
कंगन दस्त चढ़ाई
मूंड मुंडा मोहे प्रीती को
रेन केजा में पाई
अमृत फल खा लिओ रे गोसाँई
थोड़ी करो बड़ाई
घर में गंगा आई संतो
घर में गंगा आई।

हिंदी भावार्थ

इस काफ़ी में बुल्लेशाह ने कहा है कि मेरे शरीर रूपी घर में शब्द व नाम रूपी गंगा प्रवाहित हो रही है। मुझे अपने भीतर प्रभु के दर्शन होने के साथ-साथ यह रहस्य भी पता लग गया है कि अनहद द्वार का ग्वाला सतगुरु ही है जो एक योगी के वेष में आत्मा रूपी प्रियतमा से नेह लगाने के लिए इस संसार में आता है। मैंने अनहद का अमर फल चख लिया है, इसलिए मुझे भी अमर जीवन की प्राप्ति हो गई है।

जो रंग रंगया गूढ़ा रंगया

जो रंग रंगया गूढ़ा रंगया
मुर्शिद वाली लाली ओ यार
अहद विच्चों अहमद होया
विच्चों भीम निकाली ओ यार
दुर्रे मआनी दी धूम मची है
नैणां तो धुंड उठाली ओ यार
'सूराह यासीन' मुज़म्मल वाला
बदलां गरज संभाली ओ यार
ज़ुलूफ़ स्याह दे विच यद-बेजा
दे चमकार विखाली ओ यार
मूतू कवलंता मूतू होया
मोया नूं फेर जवाली ओ यार
बुल्लाशाह मेरे घर आया
कर-कर नाच वरवाली ओ यार।

हिंदी भावार्थ

यह काफ़ी हमें आध्यात्मिक अनुभवों के सूक्ष्म संकेत देती है। वे कहते हैं कि सच्चा गुरु शिष्य की आत्मा को ऐसे गूढ़े रंग में रंग देता है, जो कभी नहीं छूटता। उस प्रभु से ही मुर्शिद जन्मा है। यदि अहं को दूर कर दिया जाए तो आत्मा को परमात्मा में लीन किया जा सकता है। यदि नैनों से परदा हटाओगे तभी इन गंभीर आध्यात्मिक रहस्यों को जान सकोगे। अंतर में बसे अनहद शब्द के गुप्त संकेत को जानने के बाद जी-जान से संभालना होगा। बस थोड़ा-सा ध्यान दो तो जान लोगे कि गुरु स्वयं परमात्मा का ही रूप है। बुल्लेशाह कहते हैं कि प्रभु मेरे घर आए हैं और मैं आनंदमग्न होकर नाच उठा हूं।

इक नुक़्ता यार पढ़ाया ए

इक नुक़्ता यार पढ़ाया ए
इक नुक़्ता यार पढ़ाया ए
ऐन ग़ैन दी इक्का सूरत
इक नुक़्ते शोर मचाया ए
इक नुक़्ता यार पढ़ाया ए
सस्सी दा दिल लुट्टण कारण
होत पुन्नू बण आया ए
इक नुक़्ता यार पढ़ाया ए
बुल्लेशाह दी ज़ात न कोई
मैं शौह इनायत पाया ए
इक नुक़्ता यार पढ़ाया ए।

हिंदी भावार्थ

ऐन व ग़ैन वर्ण में केवल एक बिंदु का अंतर है। बुल्लेशाह उर्दू वर्णमाला के इन दो शब्दों की सहायता से ही यह समझाना चाह रहे हैं कि ऐन अर्थात् ईश्वर व ग़ैन अर्थात् जगत का मूल तो एक ही है। इसका मूलार्थ यह है कि ईश्वर व गुरु एक रूपी ही है। बुल्लेशाह कहते हैं कि मैंने सद्गुरु की कृपा से इस नुक़्ते का ज्ञान पा लिया है। आत्मा रूपी सस्सी का दिल जीतने के लिए प्रभु, पुन्नू (गुरु) के रूप में प्रकट हुआ है।

बुल्लेशाह कहते हैं कि उस प्रभु प्रीतम की कोई ज़ात, धर्म, राष्ट्र व नस्ल नहीं है। मुझे तो वह मेरे मुर्शिद इनायतशाह के रूप में मिला है।

अब तो जाग

अब तो जाग मुसाफ़र प्यारे
रैन गई लटके सब तारे
आवागौन सराई डेरे
साथ तिआर मुसाफ़र तेरे
अजे न सूणिओं कूच नगारे
कर लै अज करनी दा बेरा
मुड़ न हो सी आवण तेरा
साथी चल्लो पुकारे
मोती, चूनी, पारस, पासे
पास समुंदर मरो पिआसे
खोल्ह अक्खीं उठ बांह बेकारे
बुल्लाशाह दे पैरीं पड़िये
ग़फ़लत छोड़ कुझ हीला करिये
मिरग नतन बिन खेत उजाड़े।

हिंदी भावार्थ

प्रिय मुसाफ़िर, अब तो जाग जा। रात बीत गई व तारे भी छिपने को हैं। यह संसार तो एक सराय जैसा है जहां लोग आते-जाते रहते हैं। तेरे साथ कितने लोग जाने को प्रस्तुत हैं। क्या तूने अभी जाने के लिए बज रहे नगाड़ों के स्वर नहीं सुने? तुझे पुनः आने का अवसर नहीं मिलेगा, इसलिए जो भी करनी, करनी है, अभी कर ले। तेरे साथी तुझे बार-बार चलने के लिए पुकार रहे हैं। तेरे ये हीरे-मोती व माणिक आदि ऐसे ही धरे रह जाएंगे मानो कोई सागर के पास होने पर भी प्यासा हो। निकम्मे! अब भी आंखें खोल ले। बुल्लेशाह कहते हैं कि स्वयं को प्रियतम के चरणों में डाल दे। आलस्य त्याग कर कोई अच्छे कर्म करने की सोच। यदि तू सावधान न हुआ तो मायामृग को तेरा खेत उजाड़ने में देर नहीं लगेगी।

अब लगन लगी की करिए

अब लगन लगी की करिए
न जी सकिए ते न मरिए
तुम सुणो हमारे बैणा
मोहे रात दिने नहीं चैना
हुण पी बिन पलक न सरिए
अब लगन लगी वे की करिए
एह अगन विरहों दी जारी
कोई हमारी प्रीत निवारी
बिन दर्शन कैसे तरिए
अब लगन लगी की करिए
बुल्ले पई मुसीबत भारी
कोई करो हमारी कारी
एह अजेहे दु:ख कैसे घटिए
अब लगन लगी वे की करिए

हिंदी भावार्थ

एक बार प्रिय से मिलन की लौ लग जाने के बाद विरहिनी नायिका को कुछ नहीं सूझता, तो वह असमंजस में पड़कर कह उठती है कि अब जो लगन लगी है तो हम क्या करें, हम तो न जी सकते हैं और न ही मर सकते हैं। इस दु:ख से भरी प्रीति को तो त्यागा भी नहीं जा सकता।

आत्मा रूपी नायिका कहती है कि यह विरह रूपी अग्नि निरंतर मुझे जलाती रहती है। इस ताप को दूर करने का कोई तो उपाय खोजो। यह विरहाग्नि तो प्रीतम के दर्शन से ही शांत हो सकती है।

बुल्लेशाह कहते हैं कि अब तो भारी संकट आन पड़ा है। कोई तो हमारी मदद करो। तुम्हीं कहो कि हम इस असह्य कष्ट को कैसे सहें।

अब हम गुम हुए

अब हम गुम हुए
प्रेम नगर के शहर
अपने-आप को सोध रहा हूं
न सिर-हाथ न पैर
ख़ुदी खोई अपना पद चीता
तब होई गल ख़ैर
लत्थे घगड़े पहले घर थीं
कौण करे निखैर
बुल्लाशाह है दोहीं जहानीं
कोई न दिसदा गैर।

हिंदी भावार्थ

बुल्लेशाह कहते हैं कि इस प्रेम रूपी मार्ग में साधक का अपना तो कुछ भी नहीं बचता। वे कहते हैं कि हम प्रेम रूपी नगर में गुम हो गए हैं।

अपने-आप को खोजने के बावजूद मुझे अपना हाथ-पैर या सिर कुछ भी तो नहीं मिलता।

अरे भई! तुम मुझे पकड़कर मेरे घर से दूर क्यों ले जा रहे हो। तुम्हें इस बैर से मुक्त कौन करेगा।

मैंने अहं को खोकर ही स्वयं को पहचाना है। अपनी पहचान होने पर सब कुछ कुशल ही जान पड़ता हैं। बुल्ले कहता है कि उसके लिए तो लोक व परलोक में एक ही शाह दिखता है और अब उसके लिए कोई भी ग़ैर नहीं रहा।

इक टूणा अचंभा गावांगी

इक टूणा अचंभा गावांगी
मैं रूठा यार मनावांगी
एह टूणा मैं पढ़-पढ़ फूंका
सूरज जगन जलावांगी
अक्खीं काजल काले बादल
भवां से आंधी लयावांगी
सत समुंदर दिल दे अंदर
दिल से लहर उठावांगी
बिजली होकर चमक डरावां
बादल हो गिर जावांगी
इश्क़ अंगीठी हरमल तारे
चांद से कफ़न बनावांगी
लामकान दी पटड़ी उत्ते
बह के नाद बजावांगी
लाए सू आन मैं शाह गल आपणे
तद मैं नार कहावांगी
इक टूणा अचंभा गावांगी।

हिंदी भावार्थ

यहं प्रेमिका हर संभव साधन से अपने रूठे पिया को मनाना चाहती है। वह कहती है कि मैं ऐसा टोना करके मंत्र फूंकूंगी कि अग्नि सूर्य को जला देगी। मैं अपने हृदय में प्रेम की ऐसी प्रबल लहरें उठाऊंगी जिनमें सात सागरों जैसी अथाह शक्ति होग। मेरी आंखों का काजल काला बादल होगा व भौहों से आंधी आ जाएगी। सात समंदर की लहरें मेरे दिल से उठेंगी।

मैं बिजली की चमक बनकर डराऊंगी, बादल की तरह गरजूंगी, इश्क की अंगीठी में हरमल फेंककर तारों का ईंधन जलाऊंगी। चांद की चांदनी से सफेद कफ़न पहनूंगी। लाभकान की पटरी पर बैठकर अनहद नाद बजाऊंगी। प्रियतम मेरे वश में आकर गले लगेगा, तभी मैं उसकी प्रिया कहलाने के योग्य होऊंगी। कहने का तात्पर्य यह है कि अनहद शब्द ही प्रिय को वश में करने का टोना या मंत्र है।

आ मिल यार साट लै मेरी

आ मिल यार सार लै मेरी
मेरी जान दुक्खां ने घेरी
अंदर ख़्वाब बिछोड़ा होया
ख़बर न पैंदी तेरी सुंअी बन विच लुट्टी साईआं
चोट शंग ने घेरी
मुल्लां काज़ी राह बतावण
देण धर्म दे फेरे
इह तां ठग ने जग दे झीवर
लावण नाल चफ़ेरे
करम शरआ दे धरम बतावण
संगल पावण पैरीं
जात मज़हब एह इश्क ना पुछदा
इश्क़ शरआ बैरी
सतगुर बेड़ी फड़ी खलोते
तैं क्यों लाई ए देरी
बुल्लाशाह शॉह तैनूं मिलसी
दिल नूं दे दिलेरी
प्रीत पास ते टोलनां किसनूं
भुलयों सिखर दोपहरी
आए मिल यार सार लै मेरी
मेरी जान दुक्खां ने घेरी

इस काफ़ी में बुल्लेशाह ने कर्मकांडी पुरोहितों व मुल्लाओं पर व्यंग्य कसते हुए प्रभु से प्रार्थना की है कि वे दुःखों की मारी प्रियतमा की खोज-खबर लें।

वे कहते हैं कि ऐ यार! आकर मेरी खोज-खबर ले। मेरी जान को दुःखों ने घेरा है। मैं इस सपने से दिखने वाले संसार में तुझसे बिछुड़ गई हूं व दूर-दूर तक तेरा पता नहीं मिलता। हे स्वामी! मैं वन में अकेली हूं, लुट रही हूं। यहां तरह-तरह के चोर-लुटेरों ने मुझे घेर रखा है।

मुल्ला व काज़ी ऐसी-ऐसी राह दिखाते हैं कि दीन व धर्म संबंधी भ्रम होने लगते हैं। ये लोग तो चिड़ीमारों की तरह पूरे ठग हैं जो संसारी जीवों को फंसाने के लिए सदा जाल बिछाते रहते हैं।

ये लोग बाहरी कर्मकांडों को ही भीतरी अध्यात्म का नाम देकर पैरों में जंजीरें डाल देते हैं। प्रभु के प्रेम रूपी दरबार में तो कोई धर्म नहीं पूछता। सच कहूं तो सच्चे इश्क का शरीअत से कोई नाता नहीं होता । इनका तो आपस में बैर चला आया है।

यदि प्रियतम से मिलाप करना है तो भवसागर को पार करना ही होगा किंतु जीव मोह-माया व लोभ में ही फंसा रहता है। बुल्लेशाह कहते हैं कि सतगुरु तुझे भवसागर पार कराने के लिए नौका लिए खड़े हैं। तेरी ओर से देर क्यों हो रही है। वे तसल्ली देते हैं कि तुझे अपने प्रीतम से मिलने का अवसर अवश्य मिलेगा, बस हिम्मत न हार। यदि प्रियतम तेरे पास ही है तो बाहर किसे खोजना? ऐ यार, आकर मेरी खोज-खबर ले। मेरी जान को दुःखों ने घेर रखा है।

इक अलफ़ पढ़ो छुटकारा ए

इक अलफ़ पढ़ो छुटकारा ए

इक अलफ़ों दो तिन चार होए
फिर लक्ख करोड़ हजार होए
फिर ओथों बास शुमार होए
हिक अलफ़ दा नुकता न्यारा ए
क्यों पढ़ना ए गड्ड किताबां दी
सिर यानां ए पंड अज़ाबां दी
हुण होयों शकल जलादां दी
अग्गै पैंडा मुशकल भारा ए
बण हाफ़ज़ हिफ़ज कुरान करें
पढ़-पढ़ के साफ़ ज़बान करें
फिर नेअमत विच ध्यान करें
मन फिरदा न्यों हलकारा ए
बुल्ला बी बोहड़ दा बोया सी
ओह बिरछ वड्डा जां होया सी
ज़द बिरछ ओ फ़ानी होया सी
फिर रह गया नी अकारा ए
इक अलफ़ पढ़ो छुटकारा ए

बुल्लेशाह ने अरबी-फ़ारसी वर्णमाला के पहले अक्षर 'अलिफ़' का नाम लेते हुए कहा है कि केवल यही अक्षर पढ़ लो तो तुम्हारी मुक्ति हो जाएगी क्योंकि यह अल्लाह के नाम का पहला वर्ण है। अलिफ़ की शक्ल एक से

मिलती है। एक से ही दो-तीन-चार हुए अर्थात् सृष्टि की उत्पत्ति हुई। उसी से फिर हजारों, लाखों, करोड़ों और फिर अगणित होते चले गए। इस प्रकार यह नुक्ता अपूर्व है, अद्वितीय है।

बुल्लेशाह पूछते हैं कि तू इतनी-इतनी किताबें क्यों पढ़ता है। तूने इतने शौक से सिर पर दु:खों की गठरी क्यों उठा रखी है। बहुत ज्यादा पढ़ने से तेरी शक्ल जल्लादों जैसी हो गई है। अर्थात् इतना ज्ञान पाने पर भी तेरा आचरण अत्याचारियों जैसा ही है। तू यह क्यों नहीं सोचता कि तुझे मौत के बाद दुर्गम घाटी से जाना होगा।

तूने हाफ़िज बनकर कुरान शरीफ याद कर ली। उसका इतना अभ्यास किया कि तू सब कुछ मुंहजुबानी सुनाने लगा, पर अपना मन तेरे वश में नहीं है। यह तो किसी हरकारे की तरह चारों ओर दौड़ता फिरता है।

बुल्लेशाह कहते हैं कि यह संसाररूपी वटवृक्ष एक बीज से बोया गया था। जब यह संसार नष्ट हो जाएगा तो सार रूप में बीज रूप में केवल ईश्वर या अल्लाह ही शेष रहेगा। उसी प्रकार शरीर भले ही नष्ट हो जाए किंतु यह आत्मा कभी नष्ट नहीं होती।

केवल उस एक अल्लाह का नाम लो। उसी में तुम्हारी मुक्ति छिपी है।

आपणा दस्स टिकाणा

अपना दस्स टिकाणा
किधरों आया किधर जाणा
जिस ठाणे का माण करें तूं
ओहने तेरे नाल न जाणा
जुलम करें ते लोक सतावें
कसब फड़्यो लुट खाणा
कर लै चावड़ चार दिहाड़े
ओड़क तूं उठ जाणा
शहर ख़ामोशां दे चल वसीए
जित्थे मुलक समाणा
भर-भर पूर लंघावे डाढ़ा
मलक-उल-मौत मुहाणा
इन्हां समनां थी ए
बल्ला औगुणहार पुराणा
तूं किधरों आया, किधर जाणा
आपणा दस्स टिकाणा।

हे जीव! अपना ठिकाना तो बता? तू कहां से आया है व तुझे कहां जाना है? तुझे जिस ठिकाने का गर्व है, वह तो कभी तेरे साथ परलोक नहीं जाने वाला।

तू संसार पर जुल्म करता है। लोगों को लूटकर खना ही तेरा धंधा हो गया है। तू भले ही चार दिन की मनमानी कर ले, किंतु एक दिन तो तुझे इस संसार में सब कुछ यहीं छोड़कर जाना ही होगा।

चल हम भी उसी खामोश शहर (कब्रिस्तान) में जाकर डेरा डाल लेते है।।
जहां हमें एक दिन जाना है। मौत का फरिश्ता किसी निर्मम मल्लाह से कम
नहीं है। वह लोगों को नावों में भर-भर कर दूसरे लोक में ले जाता है।

अंत में बुल्लेशाह विनम्रतापूर्वक कहते हैं कि इन सबमें से बुल्लेशाह ही
सबसे पुराना बंदा है जो अवगुणों से भरा हुआ है।

अम्मा-बाबे दी भलिआई

अम्मा-बाबे दी भलिआई
ओह हुण कम्म असाइे आई
अम्मा-बाबा चोर धुरां दे
पुत्तर दी वडिआई
दाणे उत्तों गुत-बिगुत्ती,
घर-घर पई लड़ाई
असां कज़िये ताहीं जाले
जद कणक उन्हां टरकाई।
खाए खैरा ते फारि जुम्मा
उल्टी दस्तक लाई।
बुल्लहा तोते मार बागां चौं कड्ढे
उल्लू रहण उस जाई।

इस काफ़ी में हमें व्यंग्य की झलक दिखाई देती है। यहां भलाई शब्द को व्यंग्य के रूप में लिया गया है। बुल्लेशाह कहते हैं कि हमारे पूर्वज आदम व हव्वा ने प्रभु की आज्ञा का उल्लंघन किया। उन्होंने मना करने पर भी निषिद्ध फल सेब खाया। जब मां-बाप ही ऐसे हों तो पुत्र की क्या प्रशंसा करें? दाने-दाने की खातिर हम लोग एक-दूसरे से कलह करते हैं यानी उन्होंने उस समय जो सेब चुराया, आज भी वही स्वार्थ व चोरी प्रधान हैं। सेब तो उन्होंने चुराया पर हमें भुगतना पड़ रहा है। यह तो उल्टा ही खेल है; करे कोई व भरे कोई। अर्थात् गुनाह तो खैरा करता है पर सजा जुम्मे को मिलती है। बुल्लेशाह कहते हैं कि कैसा उल्टा न्याय है, तोतों को बागों से निकाल दिया गया है और अब वहां उल्लू बसते हैं।

आपणे संग रलाईं प्यारे

आपणे संग रलाई प्यारे, आपणे संग रलाईं।
पहले नेहों लगाया सी तैं, आपे चाईं-चाईं।

मैं लाया ए कि तुध लाया, आपणी ओड़ निभाई।
राह पवां ता धाड़े बेले, जंगल लक्ख बलाई।

भौंकण चीते ते चितमचित्ते, भौंकण करन अदाईं।
पर तेरे जगतार चढ़या, कंढे लक्ख बलाईं।

हॉल दिले दा थर-थर कंवदा, बेड़ा पार लंघाई
कर लई बंदगी रब सच्चे दी, पवण कबूल दुआई

बुल्ले शाह वे नू शौह दा मुखड़ा घूंघट खोल दिखाई।

यहां शिष्य अपने गुरु के आगे अध्यात्म रूपी मार्ग के कष्टों का वर्णन करते हुए कहता है कि हे प्यारे! मुझे अपने साथ मिला ले। अब यह भूल जा कि मैंने तुझ संग नेह लगाया था या तूने पहल की थी। इस बात को भुला दे, बस तू अंत तक मेरा साथ निभाना। इस प्रेम रूपी पथ पर विघ्न-बाधाओं का अंत नहीं है। डाकू, लुटेरे व भयानक जानवर सामने खड़े हैं। चीते व तेंदुए बांधाएं बनकर सामने आ जाते हैं। मेरा दिल डर से कांप रहा है। आप कृपा करके मेरी नैया पार लगा देना। बुल्लेशाह को प्रियतम का मुखड़ा घूंघट खोलकर दिखा देना।

पाया है कुछ पाया है

पाया है कुछ पाया है
सतगुर ने अलख लखाया है
कहूं बैर पड़ा कहूं वेली है
कहूं मजनूं है कहूं लेली है
कहूं आप गुरु कहूं चेली है
सभ अपना राह दिखाया है
कहूं चोर बणा कहूं साहजी है
कहूं अंबर ते वह बाअज़ी है
कहूं तेग बहादुर गाज़ी है
कहूं आपणा पंथ बताया है
कहूं मसजद का वरतारा है
कहूं बणया ठाकुर द्वारा है
कहूं बैरागी जलधारा है
कहूं शेखन बण-बण आया है
कहूं तुरक किताबां पढ़ते हो
कहूं भगत हिंदू जप करते हो
कहूं घोर गुफा में पड़ते हो
हर घर-घर लाड़ लड़ाया है
बुल्ला शौह का मैं मोहताज होआ
महाराज मिले मेरा काज होआ
दर्शन पिया दा मेरा इलाज होआ
लग्गा इश्क तां एह गुण गाया ए।

इस काफ़ी में पूर्ण अद्वैत का भाव प्रकट किया गया है। बुल्लेशाह कहते हैं कि मैंने कुछ पाया है और सतगुरु ने मुझे वह अलख प्रभु दिखा दिया है।

वही हर प्रसंग में उपस्थित होता है। कहीं बैर करता है तो कहीं मित्र बन जाता है। कभी वह मजनू दिखता है तो कभी लैला। कभी गुरु बनता है तो कभी शिष्य। वह स्वयं को अपने ही पंथ का परिचय देता है।

कहीं वह चोर बनता है तो कहीं साहजी है। कहीं तेग बहादुर गाज़ी बन जाता है। कहीं मस्जिद में विराजता है तो कहीं उसके लिए ठाकुरद्वारा बना ह। कहीं भक्त बनकर जपता है तो कहीं घने अंधकार में छिप जाता है।

वही प्रभु कभी घर-घर जाकर लाड़ लड़ाने लगता है।

बुल्लेशाह कहते हैं कि अब मैं अपने अहं से मुक्त हो गया हूं। मुझे महाराव मिले व मेरा काज संपन्न हो गया। प्रिय के दर्शन ने मेरे सभी रोग काट दिए। वह सर्वव्यापी प्रभु स्वयं अपने-आप में ही समाया हुआ है।

मैं पुच्छां शॉह दीआं वाटां नी

मैं पुच्छां शॉह दीआं वाटां नीं
कोई करे असां नाल बातां नीं
भुल्ले रहे नाम न जपया
गफ़लत अंदर यार है छपया
ओह सिघ पुरखा तेरे अंदर धसया
लग्गियां नफ़स दीआं चाटां नीं
जप लै ना हो भोली-भाली
मत तूं सद्ददएं मुख मुकाली
उलट प्रेम नगर दी चाली
भड़कण इश्क दीआं लाटां नीं
भोली ना हो, छोड़ सयाणी
इश्क नूर दा भर लै पानी
इस दुनिया दी होड़ कहाणी
एह यार मिलण दीआं घातां नी
बुल्ला रब बण बैठों आपे
तद दुनिया दे पए सयापे
दूती वेहड़े दुश्मन मापे सब कड़क पईआं आफ़तां नीं।

मैं अपने प्रिय की प्रतीक्षा में हूं। मैं चाहती हूं कि कोई मुझसे उसकी बातें करें। प्रिय तो भीतर बसा है, किंतु हम अज्ञान व अहंकारवश उसे देख नहीं पाते। बुल्लेशाह कहते हैं कि विकारों के नशों के कारण तू उस सिद्ध पुरुष को देख नहीं पाती। तू अज्ञान छोड़कर उसका नाम जप ले अन्यथा लोग तुझे निर्लज्ज कहेंगे। बुल्लेशाह आत्मा रूपी प्रेमिका से कहते हैं कि संसार के व्यर्थ के धंधे छोड़ दे व प्रियतम से मिलाप कर ले। बुल्लेशाह कहते हैं कि मनुष्य भक्त बनने की बजाए भगवान बन बैठा है इसलिए यह सब संकट खड़े हो रहे हैं। मनुष्य को अहं का त्याग करना होगा तभी वह संकट से मुक्ति पा सकता है।

आओ सइयो इल देओ नी बधाई

आओ सइयो इल देओ नी बधाई
मैं बर पाया रांझा माही
अज्ज तां रोज़ मुबारक चढ़या
रांझा साडे वहड़े वड़या
हत्थ खुंडी मोढे कंबल धरया
चाकां वाली शकल बनाई
आओ सइयो दल देओ नी बधाई
मुकुट गऊआं दे विच रुलदा
जंगल नूहां दे विच रूलदा
है कोई अल्ला दे वल भुलदा
असल हक़ीकत खबर न काई
आओ सईयो रल देओ नी बधाई
बुल्लेशाह इक सौदा कीता
पीता ज़हर प्याला पीता
न कुछ लाहा टोटा लीता
दरद-दुक्खां की गठड़ी चाई
आओ सह्यो रल देओनी बधाई।

यहां बुल्लेशाह कहते हैं कि गुरु का वेष भले ही किसी साधारण मनुष्य-सा हो, किंतु वे प्रभु का ही दूसरा रूप होते हैं। वे कहते हैं कि सईयों! आकर मुझे बधाई दो। मैंने माही को वर रूप में पा लिया है। आज कितना मुबारक दिन है कि रांझा मेरे घर आया है। उसने हाथ में लाठी व कंधे पर कंबल रखकर भैंसे चराने वाले की शक्ल बना रखी है। वह शंहशाह है, पर उसकी शान वनों में खराब हो रही है। उसकी हकीकत कोई नहीं जानता कि वह कौन है। बुल्लेशाह ने तो प्रेम के सौदे में जहर का प्याला पी लिया है। कहते हैं कि लाभ-हानि तो कोई नहीं, पर उसने अपने ऊपर दुःखों की गठरी लाद ली है।

ढोला आदमी बण आया

ढोला आदमी बण आया
आपे आहू आपे चीता
आपे मारन धाया
आपे साहिब आपे बरदा
आपे मुल्ल विकाया
ढोला आदमी बण आया
कदी हाथी ते असवार होया
कदी ठूठा डांग भवाया
कदी रावल जोगी भोगी हो के
सांगी सांग बणाया
ढोला आदमी बण आया
बाज़ीगर क्या बाज़ी खेली
मैनूं पुतली वांग नचाया
मैं उस पड़ताली नचना हां
जिस गतमित यार लखाया
ढोला आदमी बण आया
हाबील काबील आदम दे जाए
आदम किस दा जाया
बुल्ला ओन्हां तों वी अग्गों आहा
दादा गोड खिडाया
ढोला आदमी बण आया।

यहां बुल्लेशाह ने प्रभु के विविध रूपों का वर्णन करते हुए कहा है कि प्रभु ही हिरन-चीते, सेवक-स्वामी, शहंशाह-भिखारी के वेष में आते हैं। कभी

त्यागी बन जाते हैं तो कभी गृहस्थ। उस बाजीगर ने ऐसी बाजी खेली है कि मुझे कठपुतली की तरह नचा दिया है। मैं उस गुरु पर कुर्बान जाता हूं, जिसने मुझे इस रहस्य को जानने की क्षमता प्रदान की। जब आदम नहीं था, मैं तब भी मौजूद था। मैं आदम का भी दादा हूं। वे पूछते हैं कि आदम को किसने पैदा किया। अनेक सन्त भी इसी तरह दावा करते हैं कि वे सृष्टि से पहले भी मौजूद थे।

की बेदरदां संग यारी

की बेदर्दां संग यारी
रोवण अक्खियां ज़ारो ज़ारी
सानूं गए बेदर्दी छड्ड के
हिजरे सांग सीने विच गड के
जिस्मों जिंद नूं लै गए कढ के
एह गल्ल कर गए हैंसयारी

बेदर्दां दा की भरवासा
खौफ़ नहीं दिल अंदर मासा
चिड़ियां मौत गवारां हासा
मगरों हस-हस ताड़ी मारी
आवण कह गए फेर न आए
आवण दे सम कौल बुताए
मैं भुल्ली भुल्ल नैण लगाए
केहे मिले सानूं ठग बपारी
बुल्लेशाह इक सौदा कीता
पीता ज़हर प्याला पीता
न कुछ नफ़ा न टोटा लीता
दर्द दुक्खां दी गठड़ी भारी
की बेदर्दां संग यारी
रोवण अक्खियां ज़ारो-ज़ारी

इस काफ़ी में बेदर्दी प्रियतम की चर्चा है जो प्रीति लगाकर नायिका को छोड़ गया है। बेचारी नायिका कहती है कि वह प्रियतम की याद में दिन–रात आंसू बहा रही है।

वह कहती है कि प्रियतम ने कठोर बनकर मुझे ऐसे छोड़ा कि विरह का भाला सीने में गड़ गया। देह में प्रण ही न रहे। वे ऐसे हृदयहीन कैसे हो गए। भला ऐसे कठोर लोगों का क्या भरोसा? वे चिड़ियों के मरने पर हंसते हैं व तालियां पीटते हैं।

प्रीतम तो आने की कह गए, थे किंतु लौटकर नहीं आया। उन्होंने सारे वादे भुला दिए। दरअसल गलती मेरी थी कि उनसे नैना लड़ा बैठी। वे तो ठग व्यापारी निकले।

भाग – 3

- काफ़िया
- दोहे
- बारह माह
- गंढां

.

मैं गल्ल ओत्थे दी करदां हां

मैं गल्ल ओत्थे दी करदां हां
पर गल्ल करदा वी डरदां हां
नाल रूहां दे लारा लाया
तुसी चलो मैं नाले आया
एत्थे परदा या बणाया
मैं भरम भुलाया फिरदां हां
नाल हाकम दे खेल असाड़ी
जे मैं मीरा तां मैं फाड़ी
धरी-धराई पूंजी तुहाड़ी
मैं अगला लेखा मरदा हां
दे पूंजी मूरख झुंजलाया
मगर चोरां दे पैंडा लाया
चोरां दी मैं पैड़ लयाया
हर शव घाड़े घड़दा हां
 ना नाल मेरे ओह रजदा ए
ना मिन्नत कीती सजदा ए
जा मुड़ बैठां तां मजदा ए
मुड़ मिन्नत जारीं करदा हां
की सुख पाया मैं आण इत्थे
ना मंजल न डेरे जित्थे
घंटा कूच सुणावां कित्थे
नित अठ कयावे कड़दा हां
बुल्लेशाह बेअंत इंघाई
दो जग बीच न लगदी काई
उरार पार दी खबर न काई
मैं बे-सिर पैरी तरदा हां
मैं गल्ल ओथे दी करदां हां
पर गल्ल करदा वी डरदा हां

मैं वेसां जोगी दे नाल

मैं वेसां जोगी दे नाल
मत्थे तिलक लगा के
मैं वेसां न रहसां होड़े
कौण कोई मैं जांदी नूं मोड़े
मैनूं मुड़ना होया मुहाल
सिर ते मेहूणा या के
जोगी नहीं एह दिल दा मीता
भूल गई मैं प्यार न कीता
मैनूं रही न कुझ संभाल
उस दा दर्शन पा के
एस जोगी मैनूं कही आ लाईआं
हेठ कलेजे कुंडीआं पाईआं
इश्क दा पाया जाल
मिट्ठी बात सुणा के
मैं जोगी नूं खूब पछाता
लोकां मैनूं कमली जाता
लुट्टी झंग सयाल
कंची मुंदरा पा के
जे जोगी घर आवे मेरे
मुक जावण सब झगड़े झेड़े
लां सीने दे नाल
लक्ख-लक्ख शगुन मना के
माए नी इक जोगी आया
दर साडे उस धुआं पाया

मंगदा हीर सयाल
बैठ भेस वटा के ताअने ना दे फुफ्फी ताई
एत्थे जे जोगी नूं किसमत लयाई
हुण होया फ़जल कमाल
आया हे जोग सिघा के
माही नहीं कोई नूर इलाही
अनहद दी जिस मुरली वाही
मुठि ओस सु हीर सयाल
डाहडे कामण पा के
लक्खां गए हजारां आए
उस दे भेत किसे न पाए
गल्लां ता मूसे नाल
पर कोह तूर चढ़ा के
आबदा रसूल कहाया
विच मअराज बुराक मंगाया
जबराईल पकड़ लै आया
हूरां मंगल गा के
एस जोगी दे सुणो अखाड़े
हसन-हुसैन नबी दे प्यारे
मारओस विच जद्दाल
पाणी बिन तरसा के
एस जोगी दी सुणो कहाणी
सोहणी हुब्बी इंधे पाणी
फिर रलया महींवाल
सारा रख़्त लुटा के।

हुण मैं लखया सोहणा यार

हुण मैं लखया सोहणा यार
जिस दे हुसन दा गरम बाज़ार
जद अहद इक इकल्ला-सी
ना ज़ाहर कोई तजल्ला-सी
ना रब रसूल ना अल्लाह-सी
ना जब्बार ते ना कहार
बेचून व बेचूगूना-सी
बेशबीया बेनमूना-सी
न कोई रंग न नमूना-सी
हुण गूनां - गूं हज़ार
प्यारा पहन पोशाकां आया
आदम अपना नाम धराया
अहद तों बण अहमद आया
नबीयां दा सरदार
कुन किहा फ़चीकून कहाया
बेचूनी से चून बणाया
अहद दे विच भीम रलाया
तां कीता ऐड पसार
तजूं मसीत, तजूं बुतखाना
बरतीं रहां ना रोज़ा जाणां
भूल गया वुजू़ नमाज़ दुगाना
तै पर जान करां बलहार
पीर पैगंबर इसदे बरदे
इनस मलायक सजदे करदे

सर कदमां दे उत्ते धरदे
सभ तों वड्डी ओह सरकार
जो कोई उस नूं लखया चाहे
बाझ वसीले लखया न जाए
शाह इनाइतर भेल बताए
तो खुल्ले सम इसरार

सुनो तुम इश्क की बाज़ी

सुनो तुम इश्क की बाज़ी
मलायक हो कहां राजी
यहां विरहों पर होगा जी
वेरवां फिर कौन हारेगा
साजन की भाल हुण होई
मैं लहू नैण भर रोई
नच्चे हम लाह कर लोई
हैरत के पत्थर मारेगा
महूरत पूछ कर जाऊं
साजन को देखने पाऊं
उसे मैं ले गले लाऊं
नहीं फिर खुद गुजारेगा
इश्क की तेग से मूई
नहीं वो ज़ात की दुई
और पिया-पिया कर मूई
मोयां फिर रूह चितारेगा
साज़न की भाल सर दीआ
लघू मघ आपणा पीआ
कफ़न बाहों से सी लिआ
लहद में पा उतारेगा
बुल्ला शॉह इश्क है तेरा
उसी ने जी लिया मेरा
मेरे घर-बार कर फेश
बेरवां सिर कौण वारेगा।

कर कत्तण वल ध्यान कुड़े

कर कत्तण वल ध्यान कुड़े
नित्त मत्ती देंदी मां धीआ
क्यों फिरनी है एवें आ धीआ
नी शरम-ध्या न गंवा धीए
तूं कदीं ता समझ नादान कुड़े
नहियों कदर मेहनत दा पाया
जब होया कम्म असान कुड़े
चरखा मुन्त तेरे हत्थ आया
पलयों नहियों कुछ गवाया
चरखा वणया खातर तेरी
खेडण दी कर हिरस थुरेड़ी
होना नहियों होर वडेरी
मत कर कोई अज्ञान कुड़े
चरखा तेरा रंग रंगीला
रीस करेंदा सब कबीला
चलदे चारे कर लै हीला
हो घर दे विच अवादान कुड़े
इस चरखे दे कीमत भारी
तू की जाणें कदर गवारी
उच्ची नज़र फिरें हंकारी
विच आपणी शान गुमान कुड़े
मैं कूकां कर खलीहां बांही
न हो गाफिल समझ कदाई

ऐसा चरखा घड़ना नाहीं
फेर किसे तरखाण कुड़े
एह चरखा तूं क्यों गंवाया
क्यों तू खेह दे विच रूलाया
जद दा हत्थ तेरे एह आया
तूं कदे ना डाह्या आण कुड़े
नित मत्ती दयां वलल्ली नूं
इस भोली कमली झल्ली नूं
जद पवेगा व ख़त इकल्ली नूं
तद हाय-हाय करसी जान कुड़े
मुड्ढों दी तूं रिज़क विहूणी
गोहडयों नं तू कत्ती पूणी
हुण क्यों फिरनी ऐं निमोसूणी
किस दा करें गुमान कूड़े
न तकला रास कहावें तूं
न बायड़ माल्ह पावें तूं
घड़ी मुड़ी क्यों चरखा चावें तूं
करणी ए आपणा ज़यान कुड़े
डिंगा तकला रास करा लै
नाल शताबी बायड़ पवा लै
ज्यों कर वगे तिवें वगा लै
मत कर कोई अज्ञान कुड़े
अज्ज घर विच नवीं कपाह कुड़े
तू संब संब वेलणा डाह कुड़े
रूं वेल पंजावण जाह कुड़े
मुड़ कल न तेरा जाण कुड़े
जद रूं पंजा लिआवेंगी
सईयां विच पूणियां पावेंगी
मुड़ आपे ही पई भावेंगी
विच सारे जग जहान कुड़े
तेरे नाल दीआ सभ सईआं नी

कत पूणीआं समनां लईआं नीं
तैनूं बैठी नूं पिच्छे पईआं नीं
क्यों बैणी हुण हैरान कुड़े
दीवा अपणे पास जगावीं
कत्त कत्त सूत भड़ोली पावी
अक्खीं विचों रात लंघावी
औरवी करके जान कुड़े
राज पेका दिन चार कुड़े
राज पेका दिन चार कुड़े
न खेड़ो खेड़ गुजार कुड़े
न हो वेहली कर कार कुड़े
घर-बार न कर वीरान कुड़े
तूं सुत्तयां रैण गुजार नहीं
मुड़ आणा दूजी बार नहीं
फिर बैहणा एस भंडार नहीं
विच इक्को जेडे हाण कुड़े
तूं सदा न पेके रैहणा एं
न पास अंबड़ी दे बैणा ए
या अंत बिछोड़ा सैह्णा ए
वस्स पएंगी सस्स धनाण कुड़े
कत्त लै नी कुझ कत्ता ले नी
हुण ताणी तंद उणा लै नी
तूं आपणा दाज रंगा लै नीं
तूं तद होवें परधान कुड़े
जद घ्झर बेगाने जावेंगी
मुड़ वत्त न ओथों आवेंगी
ओथे जा के पछतावेंगी
कुछ अगदों कर समयान कुड़े
अजे एडे तेरा कंम कुड़े
क्यों होई एं बे-ग़म कुड़े
के कर लैणा उस दम कुड़े

जद घर आए महमान कुड़े
जद सब सईयां टुई जाणगीआं
तेरा त्रिंजण पया वीरान कुड़े
कर माण न हुसन जवानी दा
परदेस न रैह्‌ण सीलानी दा
कोई दुनिया झूवी फ़ानी दा
न रहसी नाम निशान कुड़े
इक औरवा वेला आवेगा
सब साक सण भज जावेगा
कर मदद पार लंघावेगा
ओह बुल्ले दा सुल्तान कुड़े।

हजाब करें दरवेशी कोलों

हज़ाब करें दरवेशी कोलों
कद तक हुकम चलावेंगा
गल अलफ़ी सिर पा बरहना
भलके रूप वटावेंगा
इस लालच नफ़सानी कोलों
ओडक मूड मनावेंगा
घाट ज़कात मंगणगे प्यादे
कौह की अमल विरबोंगा
आण बणी जद सिर पर भारी
अग्गों की बतलावेंगा
हक पराया जातों नाहीं
खाकर भार उठावेंगा
फेर न आकर बदला देसें
लाखी खेत लुटावेंगा
दाअ ला के विच जग दे जूए
जित्ते दम हरावेंगा
जैसी करनी वैसी भरनी
प्रेम नगर वरतारा ए
एथे दोज़ख कट तूं दिलबर
अग्गे खुल बहारां ए
केसर बीज जो केसर जंमे
लक्षण बीज ठवावेंगा
करो कमाई मेरे भाई

एहो वकत कमावण दा
पौं सतारां पैंदे ने हुण
दाअ न बाज़ी हारन दा
उजड़ी खेड़ छपणगीआं नरदां
झाड़ दुकान उठावेंगा
खावें मास चबावें बीड़े
अंग पुशाक लगाइया ई
पलदां हैं तूं जम दा बकरा
आपणा आप कुहावेंगा
पल दा वासा वस्सण एथे
रहण नूं अग्गे डेरा ए
लै लै तोहफे घर नूं घल्ली
एहो वेला तेरा ए
ओथे हत्थ न लगदा कुझ वी
एथों ही लै जावेंगा
पढ़ सबक मुहब्बत ओसे दा तूं
बेमूजब क्यों डुबणा ऐं
पढ़-पढ़ किस्से मग़ज खपावें
क्यों खुब्चण विच खुमणा एं
हरफ़ इश्क दा इक्को नुक्ता
काह को ऊठ लदावेंगा
चुक्ख मरेंदेआं नाम अल्लाह दा
एहो बात चंगेरी ए
दोवें थोक पत्थर थीं मारे
ओरवी जही एह फेरी ए
आण बणी जद सिर पर भारी
अग्गों की बतलावेंगा
अमां, बाबा, बेटी, बेटा
पुच्छा वेरवां क्यों रोंदे नी
रेना कजकां मैणां भाई,
वारस आण खलौदे नी

एह जो लुटदे तूं नहीं लुटदा
मर के आप लुटावेंगा
इक इकल्लया जाणां ई तैं
नाल न कोई जावेगा
ख़्वेश कबीला रोंदा पिटदा
राहों ही मुड़ आवेगा
शहरों बाहर जंगल विच वासा
ओथे डेरा पावेंगा
करां नसीहत वड्डी जे कोई
सुण कर दिल ते लावेंगा
मोए तां रोज़ हशर नूं उट्ठण
आशिक ना मर जावेगा
जें तूं मरें मरन तों अग्गे
मरने दा मुल पावेंगा
जां शह शरां दा पकड़ेंगा, तां ओट मुहम्मदी होवेगी
कैहन्दी है पर करदी नाहीं, एहो खलकत रोवेगी
हुण सुत्तया तैनूं कौण जगाए, जागदयां पछतावेंगा

जें तू साडे आखे लग्गें, तैनूं तख्त बहावांगे
जिस नूं सारा आलम ढूंडे, तैनूं आण मिलावांगे
जुहदी हो के जुहद कमावें लै पिया गल लावेंगा

एवें उमर गवाइआ औगत आकबत चा रूढ़ाइआ ई
लालच लालच कर कर दुनिया उत्ते, मुख सफैदी आइया ई

अजे वी सुण ते तायब होवे, तां आशना सदावेंगा

बुल्ला शौह दे चलना एं तो चल, केहा चिर लाया ई
जक्को तक्को की करने, जां वतनों दफ्तर आया ई

वाचदयां स्वत अकल गयो ई, रो रो हाल वंआवेंगा
हजाब करें दरवेशी कोलों, कद तक हुक्म चलावेंगा।

अलफ़ अल्ला नाल

अलफ़ अल्ला नाल रता दिल मेरा
मैनूं 'बे' दी खबर न काई
'बे' पढ़द्यां मैनूं समझ आवे
लज्ज़त अलफ दी आई
'ऐन' ते 'गैन' नूं समझ न जाणा
गल्ल अलफ़ समझाई
जेहड़े दिल दी करन सफाई
असां पढ़या इलम तहकीकी ए
ओथे इक्को हरफ़ हकीकी ए
होर झगड़ा सम वधी को ए
ऐवें रौला पा-पा बैहन्दी ए
मुंह आई बात न रैहन्दी ए

आओ फ़कीरों मेले चलिए

आओ फ़कीरों मेले चल्लिए
आरफ़ का सुन वाजा रे
अनहद शबद सुनो बहुरंगी
तजीए भेख प्याजा रे
अनहद वाजा सरब मिलाषी
निरवैरी निरसाजा रे
मेले बाझों मेला औंतर
रूढ़ गया मूल ब्याजा रे
कठिन फ़क़ीरी रस्ता आशिक
कायम करो मन बाजा रे
बंदा रब भयो इक बुल्ला
सुख पड़ा जहान बराजा के

एह दुःख जा कहूं किस आगे

एह दुःख जा कहूं किस आगे
रोम-रोम घा प्रेम के लागे
सिकत सिकत है रैण विहाणी
हमरे पिया ने पीड़ न जाणी
विलकत विलकत रैण विहासी
हासे दी गल्ल पै गई फासी
हक मरना दूजा जग दी हांसी
कत फिरत नित मोही रे मोही
कौण करे मोहे से दिलजोई
शाम पिया मैं देती तूं धरोई

दुःख जग के मोहे पूछन आए
जिन के पिया परदेस सिघाए
न पिया आए न पिया आए
एह दुःख जा कहूं किस जाए
बुल्ला शाह घर आ प्यारया
इक धोती के करन गुज़ारया
एह दुःख जा कहूं किस आगे
रोम-रोम घा प्रेम के लागे।

इल्मों बस करीं ओ यार

इल्मों बस करीं ओ यार
इल्म न आवे विच शुमार
इको अलफ़ तेरे दरकार
जांदी उमर नहीं इतबार
इल्मों बस करीं ओ यार
पढ़-पढ़ इल्म लगावें ढेर
कुरान किताबां यार चुफेर
गिरदे चानण विच अनेर
बाझों रहबर खबर न सार
पढ़-पढ़ शेख मशाइरव होया
भर-भर पेट नींदर भर सोया
जांदी वारी नैण भर रोया
डुब्बा विच उरार न पार
पढ़-पढ़ इल्म होया बौराना
बे इल्मां नूं लुट-लुट खाना
एह की कीता यार बहाना
करें नाहीं कदे इंकार
पढ़-पढ़ नफ़ल नमाज़ गुजारें
उच्चियां बागां चांघा मारे
मंबर चढ़ के वाअज़ पुकारें
तैनूं कीता हिरस खुआर
पढ़-पढ़ मुल्लां होया काज़ी
अल्लाह इल्मां बाझों राज़ी
होवे टिरस दिनों दिन ताज़ी

नफा नीअत विच गुज़ार
पढ़ पढ़ मसले रोज़ सुनावें
खाना शक शुबहा दा खावें
दस्सें होर ते होर कमावें
अंदर खोर बाहर सचया
पढ़-पढ़ इल्म नजूम विचारें
गिणदा रासां बुरज सतारे
पढ़े अजीमतां मंतर झाड़े
अबजद गिने ताबीज शुमार
इल्मों पए कज़ीए होट
अक्खीं वाले अन्ने कोर
फड़े साथ ते छड्डे चोर
दोहीं जहनी होया खुआर
इल्मों पए हज़ारां फस्ते
राही अटक रहे विच रस्ते
मारया हिजर होए दिल खस्ते
पेआ विछोड़े दा सिर भार
इल्मों मीआं जी कहावें
तंबा चुक-चुक मण्डी जावें
धेला लै के छुरी चलावें
नाल कसाईयां बहुत प्यार
बहुता इल्म अज़ाज़ील ने पढ़या
झुग्गा झाहा ओसे दा सड़या
गल विच तौक लानत दा पड़या
आखिर गया ओ बाज़ी हार
जद मैं सबक इश्क दा पढ़या
दरया वेख वहदत दा वड़या
घुंमण फेरां दे विच अड़या
शाह इनायत लाया पार
बुल्ला न राफ़ है सुंनी
आलम़ फ़ाजल न आलम जुंनी
इक्को पढ़या इल्म लदुंनी
वाहिद ॲलिफ मीम दरकार।

उठ जाग घुराड़े मार नहीं

उठ जाग घुराड़े मार नहीं
एह सौण तेरे दरकार नहीं
इक रोज़ जहाणें जाणा ए
जा कवरे विच समाणा ए
तेरा गोश्त कीड़यां खाणा ए
कर चेता मरग विसार नहीं
तेरा साहा नेड़े आया ए
कुझ चोली दाज रंगाया ए
क्यों आपणा आप बंजाया ए
ऐ गाफ़िल तैनूं सार नहीं
तू सुत्तया उमर वंजाई ए
तू चरखे तंद न पाई ए
की करसैं दाज तैयार नहीं
उठ जाग घुराड़े मार नहीं
तूं जिस दिन जोवन मत्ती सैं
तू नाल सईआं दे रत्ती सैं
हो गाफिल गल्लीं वत्ती सैं
एह मोरा तैनूं सार नहीं
तू मुढ्ढों बहुत कुचज्जी सैं
निरलज्जयां दी निरलज्जी सैं
तू रवा खा खाणे रज्जी सैं
हुण ताईं तेरा बार नहीं
अज कल तेरा मुकलावा ए
एह भलके गरम बाज़ार नहीं

तूं एस जहानों जाएंगी
फिर कदम न एथे पाएंगी
एह जोवन रूप बजाएंगी
तैं रहणा विच संसार नहीं
मंजिल तेरी दूर दुराड़ी
तू पौणा विच्च जंगलवादी
औखा पहुंचण पैर प्यादी
दिसदी तूं असवार नहीं
इक इकल्ली तनहा चलसें
जंगल बरबर दे विच रूलसें
लै लै तोशा एथों घलैंस
ओथे लैण उधार नहीं
ओह खाली ए सुंअी हवेली
तू विच रहसें इक अकेली
ओथे होसी होर न बेली
साथ किसे दा बार नहीं
जेहड़े सन देसां दे राजे
नाल जिन्हां दे वजदे वाजे
गए हो के बे-तख्ते ताजे
कोई दुनिया दा इतबार नहीं
कित्थे है सुलतान सिकंदर
मौत न छड्डे पीर पैंगबर
सबमें छड्ड-छड्ड गए आडंबर
कोई एथे पायदार नहीं
कित्थे यूसुफ माहि-कनयानी
गई जुलेखा फेर जवानी
कीती मौत ने ओड़क फानी
फेर ओह हार-श्रृंगार नहीं
कित्थे तख्त सुलेमान वाला
विच हवा उड़दा सी वाला
ओह भी कादर आप संभाला

कोई ज़िंदगी दा एतबार नहीं
कित्थे मीर मलक सुलताना
सभे छड्ड-छड्ड गए ठिकान
कोई मार न बैठे ठाणा
लशकर दा जिन्हां शुमार नहीं
फुल्ला फुल्ल चमेली लाला
सोसन सिंवल सरू निराला
बाजे-रिवजां कीता बुरहाला
नरगस नित खुमार नहीं
जो कुझ करसैं सो कुझ पासै
नहीं ते ओड़क पछोतासैं
सुओ कूंज वांग कुरलासैं
खंभा बाझ उडार नहीं
डेरा करसें ओहनी जाई
जित्थे शेर पलंग बलाई
खाली रहसण महल सटाई
फिर नूं विरसेदार नहीं
असीं आजज़ विच कोट इल्म दे
ओले आंदे विच क़लम दे
बिन कलमे दे नांही कम दे
बाझों कलमें पार नहीं
बुल्ला शौह बिन कोई नाहीं
ऐथे ओथे दोही सराई
संभल-संभल के कदम टिकाई
फिर आवण दूजी बार नहीं।

कीहनूं ला-मकानी दसदे हो

कीहनूं ला-मकानी दसदे हो
तुसी हर रंग दे विच बसदे हो
कुन्फचीकुन तैं आप कहाया
तै बाझों होर केड़ा आया
इश्कों सम ज़हूर बणाया
आशिक हो के वसदे हो
पुच्छो आदम किस ने आंदा ए
कित्थों आया कित्थे जांदा ए
ओथे किस दा तैनूं लांजा ए
ओथे खा दाणा उठ नसदे हो
आपे सुणें ते आप सुणावें
आपे गावें आप बजावें
हत्थों कौल सरोद सुणावें
किते जाहल हो के नसदे हो
तेरी बहदत तूएं पुचावें
अनलहक दी तार हिलावें
सूली ते मंसूर चढ़ावें
ओधे कोल खलो के हसदे हो
जिवें सिकंदर तरफ नौशाबां
हो रसूल लै आया किताबां
यूसूफ हो के अंदर खुआबां
जुलेखा दा दिल खसदे हो
किते रूमी हो, किते जंगी हो
किते टोपी-पोश फ़रंगी हो

किते मैं खाने विच मंगी हो
किते मेहर मैहरी बण वसदे हो
बुल्ला शौह इनायत आरफ़ है,
ओह दिल मेरे दा वारस है
मैं लोहा ते ओह पारस है
तुसी ओसे दे संग घसदे हो

मुंह आई बात न रैहंदी ए

मुंह आई बात न रैहंदी ए
झूठ आखां ते कुझ बच्चदा ए
सच आखयां भांवड़ मचदा ए
जी होहां गल्लां तो जच्चदा ए
जच्च त्रच्च के जिह्बा कैहंदी ए
इक लाज़म बात अदब दी ए
सानूं बात मलूमी सम दी ए
हट हट विच सूरत रब दी ए
किते ज़ाहर किते छपेंदी ए
जिस पाया भेत कलंदर दा
राह खोजया आपणे अंदर दा
ओह वासी है सुख मंदर दा
जित्थे चढ़दी है ना लैहंदी ए
एत्थे दुनिया विच हनेरा ए
अते तिलकण बाजी बेहड़ा ए
बड़ अंदर वेखो केहड़ा ए
बाहर खफ़तण पई ढूंढेदी ए
एथे लेखा पाओं पसारा ए
एहदा बखरा भेद न्यारा ए
इक सूरत दा चमकारा ए
जिवें चिणग दारू विच पैंदी ए
किते नाज़-अदा दिखलाईदा
किते हों रसूल मिलाईदा
किते आशिक बण-बण आईदा

ताहियों जान जुदाईआं सैहंदी ए
जदों जाहर होए नूरी हुरीं
जल गए पहाड़ कोह–तूर हुरीं
तदों दार चढ़े मंसूर हटीं
ओथे शेखी मैंडी न तैंडी ए
जे जाहर करां असरार ताईं
सम भुल्ल जावण तकरार ताईं
फिर मारन बुल्ले यार ताईं
ऐथे मख़फी बात सोहेंदी ए
असां पढ़या इलम तहकीक़ी ए
ओथे इक्को हरपु हक़ीकी ए
होऱ झगड़ा सम बघी की ए
एवें रौला पा–पा वैहंदी ए
बुल्ला शौह असां थीं बख नईं
बिन शौहं थी दूजा करव नहीं
पर बेखण वाली अक्ख नहीं
ताहीं जान पई दुःख सैहंदी ए।

पतियां लिखां मैं शाम नूं

पतियां लिखां मैं शाम नूं
मैनूं पिया नज़र न आवे
आंगण बणा डरौणा
कित विधि रैण विहावे
पांधे पंडत जंगत के
मैं पूछ रही आं सारे
पोथी वेद क्या दोस है
जो उलटे भाग हमारे
माइया वे जोतशिया
इक सच्ची बात भी कहिओ
जे मैं हीणी भाग दी
तुम चुप्प न रहिओ
भज्ज सकां ते भज्ज जावां
सब तज के करां फ़कीरी
पर दुलड़ी, तुलड़ी, चौलड़ी,
है गल विच प्रेम ज़ंजीरी
नींद गई कित देश नूं
ओह भी वैरन मेरी
मत सुपने विच मैं आण मिले
ओह नींदर केड़ी
रो रो जीऊ वलाउंदीआं
गम करनीआं दूणां
नैणों नीर भी न चल्लण

किसे कीता टूणा
साजन तुमारी प्रीत से
मुझ को हाथ की आया
छतर सूलां सिर लाया
पर तेरा पंथ न पाया
प्रेम नगर चल वसीए
जित्थे वस्से कंत हमारा
बुल्ला शौह तों मंगनी हां
जे दे दए नज़ारा।

की जालां मैं कोई वे अड़या

की जाणां मैं कोई वे अड़या
की जांणा मैं कोई
जो कोई अंदर बोले-चाले
जात असाडी सोई
जिस दे नाल मैं नेहों लगाया
ओहो जेही होई
चिट्टी चादर लाह सुट कुड़ीए
पहन फ़कीरां दी लोई
चिट्टी चादर नूं दाग लगेगा
लोई नूं दाग न कोई
'अलिफ' पछाता 'बे' पछाती
'ते' तलावत होई
'सन' पछाता 'शीन' पछाता
सादक सावर होई
कू-कू करदी कुमरी आही
गल विच तौक पचोई
बस न करदी कू-कू कोलों
कू-कू अंदर मोई
जो कुझ करसी अल्ला माना
क्या कुझ करसी कोई
जो कुझ लेख मत्थे दा लिखया
मैं उस ते शाकर होई
आशिक बकरी माशूक कसाई
मैं मैं करदी कोही

ज्यों-ज्यों मैं मैं बहुता करदी
त्यों-त्यों मोई-मोई।
बुल्ला शाह इनाइत करके
शौक शराब दित्तोई
भला होया असीं दूरों छुट्टे
नेड़े आण लघोई।

जिस तन लगया इश्क कमाल

जिस तन लगया इश्क कमाल
नाचे बेसुर ते बेताल
दर्दमंदा नूं कोई न छेड़े
जिसने आपे दुःख सहेड़े
जमण जिऊणां मूल उखेड़े
बूझे अपना आप ख्याल
जिस तन लगया इश्क कमाल
नाचे बेसुर ते बेताल
जिसने वेस इश्क दा कीता
धुर दरबारों फ़तवा लीता
जदों हज़ूरों प्याला पीता
कुझ न रह्या सवाल-जवाब
जिस तन लगया इश्क कमाल
नाचे बेसुर ते बेताल
जिसदे अंदर वसया यार
उठया यारो यार पुकार
न ओह चाहे राग न तार
ऐवें बैठा खेड़े हाल
जिस तन लगया इश्क कमाल
नाचे बेसुर ते बेताल
बुल्लया शौह नगर सच पाया
झूठा रौला सब मुकाया
सच्चयां कारन सच्च सुणाया
पाया उसदा पाक जमाल
जिस तन लगया इश्क कमाल
नाचे बेसुर ते बेताल

मेरे चरखे दी हत्थी

ढिलक गई मेरे चरखे दी हत्थी
कत्तया भूल न जावे
तकले नूं बल पै-पै जादै
कौण लुहार लयावे
तकले तो बल लाहीं लुहारा
तंदी टुट-टुट जावे
घड़ी-घड़ी एह झोले खांदा
छल्ली इक न लाह्वे
पीता नहीं जो बीड़ी बन्हां
बाचड़ हत्थ न आवे
चमड़यां उत्ते चोपड़ नाहीं
माल्ह पई बरड़ावे
दिन चढ़या कद गुजरे
मैंनूं प्यारा मुख दिखलावे
माही छिड़ गया नाल माहीं दे
हुण कत्तण किस नूं भावे
जित बल यार उत्ते बल अक्खियां
मेरा दिल बेले वल धावे
त्रिंजण कतण सद्दन सइयां
बिरहों ढोल बजावे
अरज़ एहो मैनूं आण मिले हुण
कौण वसीला जावे
सै मणां दा कत्त लेआ बुल्लया
मैनूं शौह गल लावे।

मैं कुसुंबड़ा चुण-चुण हारी

मैं कुसुंबड़ा चुण-चुण हारी
एस कुसुंबे दे कंडे भलेरे
अड़-अड़ चुनड़ी पाड़ी
एस कुसुंबे दा हाकम करड़ा
ज़ालम ए पटवारी
एस कुसुंबे दे चार मुकद्दम
मुआमला मंगदे भारी
होरनां चुगिया फुहिया फुहिया
मैं भर लई पिटारी
चुग-चुग के मैं ढेरी कीता
लत्थे आण बपारी
आंखी घाटी मुशकल पैंडा
सिर पर गण्ड़ी भारी
अमला वालीयां सम लंघ गईआं
रह गई औगुणहारी
सारी उमरां खेड गवाई
ओड़क बाज़ी हारी
अलसत केहा जद अक्खियां लाईआं
हुण क्यों यार विसारी
हक्को घर विच वसदेआं रसदेआं
हुण क्यों रही न्यारी
मैं कमीनी, कुचज्जी, कोहजी
बेगुण कौन बिचारी
बुल्ला शौह दे लायक नाहीं
शाह इनायत तारी।

केहे लारे देनां ए सानूं

केहे लारे देनां ए सानूं
दो घड़ियां मिल जाईं
नेड़े वस्से थां न दस्सें
ढूंडा कित वल जाहीं
आपे झाती पाई अहमद
वेखां तां मुड़ नाहीं
आख गयों मुड़ आयो नाहीं
सीने दे विच भड़कण माईं
इक्से घर विच वसदयां रसदयां
कित वल कूक सुणाई
पांधी जा मेरा देह सुनेहा
दिल दे ओह्ले लुकदा केहा
नाम अल्ला दे न हो वैरी
मुख वेखन नूं न तरसाईं
बुल्लेशाह की लाया मैनूं
रात अद्धी है तेरी महिमा
औझड़ बेले सम कोई डरदा
शौह ढूंडां मैं थाईं चाईं
केहे लारे देनां ए सानूं
दो घड़िया मिल जाईं।

गुर जो चाहे सो करदा है

गुर जो चाहे सो करदा ए
मेरे घर विच चोरी होई
सुत्ती रही न जगाया कोई
मैं गुर फड़ सोझी होई
जो माल गया सो तरदा ए
पहले मख़फी आप ख़जाना-सी
औथे हैरत हैरतखाना-सी
फिर वहदत दे विच आणा-सी
कुल जुज़ दा मुज़मल परदा ए
कुनफ़यीकून आवाज़ देदां
वहदत विच्चों कसरत लैंदा
पहन लिबास बंदा बण बैहंदा
कर बंदगी मसजद बड़दा ए
रोज़ेमीसाक अलस्त सुणावे
कालूबला अशहद न चाहवे
फिर कुझ अपणा आप छुपावे
ओह गिण-गिण वसतां धरदा ए
गुर अल्ला आप कहेंदा ए
गुर वली नबी हो बैहन्दा ए
हर-हर दे दिल विच रैहन्दा ए
ओह खाली भांडे भरदा ए
बुल्ला शौह नूं घर विच पाया
जिस सांगी ने सांग बनाया
लोकां कोलों भेत छुपाया
ओह दरस पिटम दा पढ़दा ए।

मैं उड़ीकां कर रही

मैं उड़ीका कर रही
कदी आ कर फेरा
मैं जो तैनूं आखया
कोई घल सुनेहड़ा
चशमां सेज बिछाईआं
दिल कीता डेरा
लटक चलंदा आवंदा
शाह इनाइत मेरा
ओह अजेहा कौण है
जा आखे जेहड़ा
मैं विच की तकसीर है
मैं बरदा तेरा
तैं बाझों मेरा कौण है
दिल ठाह न मेरा
ढूंढ शहर सम भालया
कासद घल्लां केहड़ा
चढ़िया डोली प्रेम दी
दिल धड़के मेरा
आओ इनाइत कादरी
जी चाहे मेरा
पहली पौड़ी प्रेम दी
पुलसराते डेरा
हाकी मक्के हज करन
मैं मुख वेखां तेरा
आ इनाइत कादरी

हत्थ पकड़ीं मेरा
जल बल आहीं मारीआं
दिल पत्थर तेरा
पा के कुंडी प्रेम दी
दिल खिचयो मेरा
मैं विच कोई न आ पीआ
विच परदा तेरा
दसत कंगण बाहीं चूड़ियां
गल नौरंग चोला
रांझण मैनूं कर गया
कोई रावल-रौला
आप नवें दुःख पै गए
कोई सूलां दा घेरा
मैं जाता दुःख मैनूं
दुख पए घर सइयां
सिर-सिर भांवड़ भड़क्या
सभ तपदीआं गइयां
हुण आण बणी सिर आपणे
सम चुक गया झेड़ा।

घड़याली देओ निकाल नी

घड़याली देओ निकाल नी
अज्ज पी घर आया लाल नी
घड़ी-घड़ी घड़याल बजावे
रैण वसल की पया घटावे
मेरे मन दी बात जे पावे
हत्थों जा सुट्टे घड़याल नी
अनहद वाजा वज्जे सुहानां
मुतरिब सुघड़ां तान तराना
नमाज़ रोज़ा भुल गया दुगाना
मघ प्याला देण कलाल नी
मुख वेखण दा अजब नज़ारा
दुक्ख दिले दा उठ गया सारा
रैन वधे कुझ करो पसारा
दिन अग्गे घरो दीवाल नी
मैनूं आपणी खबर न काई
क्या जाणां मैं कित ब्याही
एह गल्ल क्योंकर छप्पे छपाई
हुण होया फ़जल कमाल नी
टूटे कामन करे बथेरे
सेहरे आए वड-वडेरे
हुण घर आया जानी मेरे
रहां लक्ख वरे एहदे नाल नी
बुल्ले शाह दी सेज प्यारी
नी मैं तारनहारे तारी
किवें-किवें हुण आई वारी
हुण विछड़न होया मुहाल नी

पियर न इश्क मजाज़ी लागे

पियर न इश्क मजाज़ी लागे
सुई सीवे न बिन धागे
इश्क मजाज़ी दाता है
जिस पिच्छे मस्त हो जाता है
इश्क जिन्हां दी हड्डा पैदां
इश्क पिता ते माता ए
जिस पिच्छे मस्त हो जाता ए
आशिक दा तन सुकरा जाए
मैं खड़ी चंद पिर के साए
वेख माशूकां खिड़-खिड़ हासे
इश्क बेताल पढ़ाता है
जिस ने इश्क एह आया ए
ओह बेबस कर दिखलाया ए
नशा रोम-रोम में आया है
इन विच न रत्ती ओहला है
हर तरफ दिसेंदा मौला है
बुल्ला आशिक वी हुणु तरदा ए
जिस फिकर पिया दे घर दा है
रब्ब मिलदा वेख उधरदा है
मन अंदर होया झाता है
जिस पिच्छे मस्त हो जाता है।

अब क्यों साजन चिर लायो रे

अब क्यों साजन चिर लायो रे
ऐसी मन में आई का
दुख-सुख सम बंजायो रे
हार-शिंगार को आग लगाऊं
घट पर ढांड मचायो के।
सुण के ज्ञान की ऐसी बातां
नाम निशान सभी अणघातां
कोयल वागूं कूकां आतां
तैं अजै वी तरस न आयो रे
मुल्ला इश्क ने बांग दिवाई
उठ दौड़न गल्ल वाजब आई
कर-कर सजदे घर वल धाई
मत्थे महराब टिकायो के
प्रेम नगर दे उल्टे चाले
खूणी नैन होए खुशहाले
आपे-आप फसे विच पाले
फस-फस आप कुहायो रे
बुल्ले शाह संग प्रीत लगाई
सोहणी बण तण सम कोई आई
वेख के शाह इनायत साईं
जीअ मेरा भर आयो रे।

मेरे घर आया पिया हमरा

मेरे घर आया पिया हमरा
वाह-वाह वाहदत कीना शोर
अनहद बांसरी की घंघोर
असां हुण पाया तख़्त-लाहौर
मेरे घर आया पि हमरा
जल गए मेरे खोट-निखोट
लग गई प्रेम सच्चे दी चोट
हुण सानूं ओस ख़सम दी ओट
मेरे घर आया पिया हमरा
हुण क्या कंने साल वसाल
लग गया मस्त प्याला हाथ
हुण मेरी भुल गई ज़ात सफ़ात
मेरे घर आया पिया हमरा
हुण क्या कंने वींस-पचास
प्रीतम पाई असां वल झात
हुण सानूं सम जग दिसदा लाल
मेरे घर आया पिया हमरा
हुणं सानूं नहीं आस दी फास
बुल्लाशौह आया हमरे पास
साई पुजाई साडी आास
मरे घर आया पिया हमरा।

मेरी बुक्कल के विच चोर

मेरी बुक्कल दे विच चोर
कीहनूं कूक सुणावां नी
मेरी बुक्कल दे विच चोर
चोरी-चोरी निकल गया
जग विच पै गया शोर
मुसलमान सड़ने तों उरदे
हिंदू उरदे गोर
दोवें एसे दे विच मरदे
एहो दोहां दी खोर
किते रामदास किते फतह मुहम्मद
एहो कदीमी शोर
मिट गया दोहां दा झगड़ा
निकल पेआ कुझ होर
अरश-मुनव्वर बागां मिलयां
सुणियां तरब़त लाहौर
शाह इनाइत कुंडीआ पाईयां
लुक-छिप खिचदा डोर
जिस ढूंडया तिस ने पाया
न झुर-झुर होया मोर
पीरां-पीर बगदाद असाडा
मुरशद तरब़त लाहौर
हो तुसीं वी आखो सारे
आप गुड्डी आप डोर
मैं दसनां तुसी पकड़ ल्याओ
बुल्लेशाह दा चोर।

दोहे

होर ने सभो गल्लड़ियां, अल्लाह-अल्लाह दी गल
कुझ रौला पाया आलमां, कुझ कागज़ां पाया झल्ल

आई रूत्त शगूफ़यां वाली, चिड़ियां चुगण आइयां।
इकना नूं जुर्रयां फड़ खाद्या, इकना फाहीआं लाइयां।

बुल्लयां कनक, कौड़ी, कामिनी, तीनों की तलवार
आए थे नाम जपन को और विच्चे लीते मार

उस दा मुख इक जोत है, घूंघट है संसार
घूंघट में वह छिप गया, मुख पर आंचल डार

मुंह दिखलावे और छपे, छल बल है जगदीस
पास रहे हर न मिले, इसको बिसवे बीस

बुल्लया औंदा साजन वेख के, जांदा मूल न वेख
मरी दरद फ़राक दे, बण बैठे बाहमण शेख

बुल्लया मैं मिट्टी घुमयार दी, गल्ल आख न सकदी एक
ततड़ मेरा क्यों घड़या, मत जाए अलेक-सलेक

इकना आस मुड़न दी आहे, इक सीख कबाब चढ़ाईयां
बुल्लेशाह की वस्स ओनां, जो मार तकदीर फसाइयां

बुल्लया कसूर बदेस्तून ओथे जाणा बढ़ाया जरूर
ना कोई पुंन दान है, ना कोई लाग दस्तूर

उन को मुख दिखलाए हैं, जिनसे उसकी प्रीत
उनको ही मिलता है वोह, जो उसके हैं मीत

बुल्लया परसों काफ़र थी गयों, बुत्त पूजा कीती कल
असीं जा बैठे घर आपणे, ओथे करन न मिलिया गल

ना खुदा मसीते लभदा, ना खुद विच काअबे
न खुदा कुरान किताबां, ना खुदा निभाज़े

वहदत दे दरिया दसेंदे, मेरी वहदत कित वल धाई
मुर्शिद कामिल पार लंघाया, बास तुल्हे सरनाही

चल बुल्लया चल ओत्थे चलिए, जित्थे सारे अन्हे
न कोई साड जात पछाणे, न कोई किसे नूं मन्ने

ना खुदा मैं तीरथ डिट्ठा, ऐवैं पैंडे झागे
बुल्ला शौह जद मुरशद मिलया, छूटे सब तगादे

बुल्लया हरमंदर में आए के, कहो लेखा दियो बता
पढ़े पंडित पांधे दूर कीए, अहमक लिए बुला

दौलतमंदा ने बूहया उत्ते, चोबदार बहाए।
पकड़ दरवाज़ा हरि सच्चे दा, जित्थों दुःख दिल दा मिट जाए

ठाकुरद्वारे ठग्ग बसें, भाईद्वार मसीत
हरि के द्वारे भिक्ख बसें, हमरी एह परतीत

बुल्ले शाह ओह कौण है उत्तम तेरा यार
ओसे दे हत्थ कुरान है, ओसे गल जुनार

बुल्लया जैसी सूरत ऐन दी, तैसी गैन् पछान
इक नुक्ते दा फिर है, भुल्ला फिर जहान

आपे मरें ते आपे जीवें, आपे करें सयापे
बुल्लया जो कुझ कुदरत रब्ब दी, आपे आप संआपे

आशिक होइओं रब दा होई मलामत लक्ख
तैनूं 'काफिर-काफिर' आखदे, तू आहो-आहो आख

मुल्लां ते मसालची दोहां इक्को चित्त
लोकां करदे चानणा आप हनेरे नित्त।।

बुल्लया पी शराब ते रवा कबाब, पर बाल हड्डा दी अग्ग।
चोरी कर ते मन्न घर रब दा, उस ठग्गां दे ठग नूं ठग।।

घरमसाल पड़्बाई वसदे, ठाकुरद्वारे ठग्ग
विच मसीते रहंण कुसीते, आशिक रहण अलग्ग।

वारे जाईए ओहना ते, जेहड़े मारन गप्प शड़प्प
कौड़ी लब्मी दे देवण ते बुग्चा धाऊं धप्प

इट्ट खड़क्के, दुक्कड़ वज्जे, तत्ता होवे चूल्हा
आण फ़कीर ते खा-खा जावण, राज़ी होवे बुल्ला

अरबा-अनासर महल बणायो, विच बड़ बैठा आपे
आपे कुड़ियां आपे नीगर, आपे बनना एं मापे

बुल्ला कसर नाम फसूर है, ओथे मूंहों न सकण बोल
ओथे सच्चे गरदन-मारीए, ओथे झूठे करन कलोल

बुल्लया घरमसाला विच न रहीं, जित्थे मोमन भोग पवाए।
विच्च मसीतां धक्के मिलदे, मुल्ला निओड़ी पाए।

अपने तन दी खबर न काई, साजन दी खबर लयावे कौण
न हूं ख़ाकी, न हूं आतिश, न हूं पाणी पौण

बुल्ले नूं लोकी मत्ती देदें, बुल्लया तू जा बहो मसीती
विच मसीता की कुझ होंदा, जे दिलों नमाज़ न कीती

बुल्लया वारे जाइए ओन्हां ते, जेहड़े गल्ली देण परचा
सूई सलाई दान करन, ते अहरण लैण छुपा

बाहरों पाक कीते की हुंदा, जे अंदरों न गई पलीती
बिन मुर्शिद कामिल बुल्लया, तेरी एवें गई इबादत कीती

बुल्लया जे तूं गाज़ी बनना ए, लक्क बन्ह तलवार
पहलों रंघड़ मार के, पिच्छों काफर मार

बुल्लया काज़ी राज़ी रिश्वते, मुल्लां राजी मौत
आशिक राज़ी राम ते, न परतीत घर होत

कुप्पे दे विच रोड़ खड़कदा, मूरख आरवण बोले कौन
बुल्ला साई घट-घट रवया, ज्यों आटे विच लौण।

बारहमास

पंजाबी लोककाव्य में बारहमास लिखने की परंपरा काफी समय से चली आ रही है। इस काव्य विधा में विरह की मारी नायिका वर्ष के बारह माह की ऋतु व स्थिति के अनुसार अपने दुःख व पीड़ा को प्रकट करती है। बुल्लेशाह जी ने प्रत्येक माह के प्रारंभ में एक दोहा दिया है। उसके बाद की पंक्तियां भाव की पुष्टि करती हैं।

अश्विन मास

अस्सू लिखूं संदेसड़ा वाचे मेरा जी
गमन किया तुम काहे को
जो कल मल आया जी
अस्सूं असां तुसाडी आस
असाडी जिंद तुसादे पास
जिगर मुढ प्रेम दी प्यास
दुक्खां हड्ड सुकाए मास
सूलां साडियां।

कार्तिक मास

कहो कतक कैसी जो बणयों कठन से भोग
सीस कप्पर हत्थ जोड़ के मांगूं भीख संजोग
कत्तक क्या तुंबण कत्तण

लग्गी चाट तां होया अत्तण
दर-दर लग्गे घंमा घत्तन
औरवी घाट पुचाए पत्तण,
शाम वास्ते।
हुण मैं मोई बेदरद लोका
कोई देओ उन्नी चढ़ के होका
मेरा उन संग नेहों चरोका
बुल्ला शौह बिन जीवन औखा
जांदा पास ते।

मार्गशीर्ष मास

मग्घर मैं कर रहीआं सोध के सभ ऊचे नीचे वेख
पढ़ पंडत पोथी भाल रहे हर-हर से रहे अलेख
मग्घर मैं घर किद्धर जांदा
राकश नेहां हड्डां नूं खांदा
सड़-सड़ जीअ पया कुरलांदा
आवे लाल किसे दा आंदा
बांदी हो रहां।
जो कोई सानूं यार मिलावे
सोज़े अलम थी सरद करावें
चिरवा तो बैठी सती उठावे
बुल्ला शौह बिन नींद न आवे
भावें सो रहां।

पौष मास

पोह हुण पूछूं जा के तुम न्यारे क्यों मीत।
किस मोहन मन लिया जो पत्थर कीनो चीत।

पानी पोह पवन भट्ठ पइआं
लद्दे होत तां उघड़ गईआं
न संग मापे सज्जन सईआं
प्यारे इश्क चवाती लइआं, दुखा रोलिआं
कड़-कड़ कप्पर कड़क डराए
मारू थल विच बेड़े पाए
जिउंदी मोई नी मेरी माए
बुल्ला शौह क्यों अजे न आए
हंझू डोहलिआं।

माघ मास

माघी नहावन मैं चली जो तीरथ कर समान
गज-गज बरसे मेघला मैं रो-रो करां स्नान
माघ महीने गए उलांघ, नवीं मुहब्बत बहुतांघ लांघ,
इश्क मुअजन दित्ती बांग, पढ़ां निमाज़ पिया दी लांघ
दुआई की करां
आखां प्यारे मैं बल आ
तेरे मुख वेखण दा चाउन
भावें होर तत्ती नूं ताऊ
बुल्ला शौह नूं आण मिला
तेरी हो रहां।

फाल्गुण

फग्गण फूले खेत ज्यों वण तिण फूल शिंगार
हर डाली फूल पत्तियां गल फूलन के हार
होरी खेलन सईआं फग्गन, मेरे नैन झलारीं बग्गन
आंखें जी ऊंदया के दिन तग्गन
सीने बाण प्रेम दे लग्गन

होरी हो रही
जो कुझ रोजे-अज़ल थीं होई
लिखी कलम ना मेटे कोई
दुक्खां झूलां दित्ती ढोई
बुल्ला शौह नूं आखों कोई जिस नूं रो रही

चैत्र मास

चैत चमन विच कोयलां
नित कू-कू करन पुकार
मैं सुण-सुण झर-झर मर रही
कब घर आवे यार
हुण की करां जो आया चेत
बण तिणज फूल रहे खेत
देंदें अपना अन्त न भेत
साडीहार तुसाडी जेत
हुण मैं हारियां
हुण मैं हारियां अपणा आप
तुहाड़ा इश्क असाड़ा खाष
तेरे नेहों दा शूकया ताप
बुल्ला शौह की लाया पाप
कारे हारियां

बैशाख मास

बिसाख़ी दा कठिन है जे संग मीत न हो
मैं किस के आगे जा कहूं इक मंडी या दो
तां मन भावें सुख बसाख
गुच्छीआं पइआं पक्की दाख

लाखी लै घर आया लाख तां मैं बात सकां आंख
कौंता बालियां डाडा ज़ोर, हुण मैं झुर-झुर होई आं मोर
कंडे पुड़े कलेजे ज़ोर, बुल्ला शौह बिन कोई न होर
जिन घत्त गालियां।

ज्येष्ठ मास

जेठ जेही मोहे अगन है जब के बिछड़े मीत
सुण-सुण घुण-घुण झुर मरों जो तुमरी ये प्रीत
लोआं घुप्पां पैंदीआं जेठ, मजलिस बैहन्दी बागां हेठ
तत्त ठंडी वग्गी पेठ, दफ्तर कढ्ड पुराणे सेठ
महुरा खानी आं
अज्ज कल्ह सद्द होई अलबत्ता, हुण मैं आह कलेजा तत्ता
ना घर कौंत ना दाणा भत्ता
बुल्ला शौह होरा संग रत्ता
सीने कानी आं

आषाढ़ मास

हाढ़ सोहे मोहे झट पटे जो लग्गी प्रेम की आग
जिस लागे तिस जल बुझे ज्यों भौर जलावे भाग
हुण की करां जो आया हाड़
तन विच इश्क तपाया भाड़
तेरे इश्क ने दित्ता साड़
रोवन अक्खियां करन पुकार
तेरे हावड़े।
हाड़े धत्तां शामी अग्गे
कासद लैं के पत्तर बग्गे
काले गए ते आए बग्गे
बुल्ला शौह बिन ज़रा न तग्गे
शामी बहवड़े।

श्रावण मास

सावण सोहे मेघला घट सोहे करतार
ठौर-ठौर इनायत बस्से पपीहा करे पुकार
सोहन मलहारां सारे सरवन, दूती द:ुख लगे उठ जावण
नींगर खेडण कुड़ियां गावण
मैं घर रंग-रंगीले आवण
आसां पुनीआं
मेरियां आसां रब्ब पुचाइयां
मैं तां उन संग अक्खियां लाइयां
सईआं देण मुबारक आइयां
शाह इनायत आखां साइयां
आसां पुनीआं।

भाद्रपद मास

भादों भावे तब सखी जो पल7पल होवे मिलाप
जो घट देखूं खोल के घट-घट दे विच आप
आ हुण भादों भाग जगाया
साहिब कुदरत सेती आया
हर हर दे विच आप समाया
शाह इनायत आप लखाया
तां मैं लखया
आखर उभरे होई तसल्ला
पल पल मंगण नैन तजल्ला
जो कुझ होसी करसी अल्ला
बुल्ला शौह बिन कुझ न भल्ला
प्रेम रस चखया....

गंढां

कहो सुरति गल काजदी मैं गंढां केतीआं पाऊं
साहे ते जंज आवसी हुण चाहूली गंढ घताऊं
बाबल आखया आण के, तै सौरया घर जाना
रीत ओथों दी और हैं मुड़ पैर न हथे पाणा

गंढ पहली तू खोल के मैं बैठी बरलावां
ओड़क जावण जावण हुण मैं दाज रंगावां
देखूं तरक बाभर दी सभ रस्ते लागे
पल्ले नाहीं रोकड़ी सभ मुझसे भागें

दूजी खोलूं ला कहूं दिन थोड़े रैहन्दे
सूल सबमें रल आवदे त सीने विच बैन्दे
सल बलली मैं होई तुंब कत्त न जाना
जंज एवें रल आवसी ज्यों चढ़दा ठाणा।

तीजी खोहलूं दुःख से रोंदे नैण ना हरदे
किसनूं पुच्छां जाय के दिन जांदें घटदे
गुण वालियां सम प्यारियां मैं को गुण नाहीं
हत्थे मले मल सिर धरां मैं रोवां ढाई।

पंजवीं खोलूं कूक के कर सोज पुकारां
पहली रात डरावनी क्यों दिलों बिसारां
मुद्दत थोहड़ी आ रही किवें दान बनावां
जा आखों घर साहवरे गंढ लाग बचावां

चाहरा गंढां खेलहियां मैं हिजरे मारी
गइआं सइयां साहवरे दुण मेरी बारी
सोंह सराहने दी कदी असीं भूल न सौंदे
फट्टा उसे लूण है फट्ट सिंमदे लौटे

सोल्हां गंढ़ीं खोलईयां मैं होई निमानी
एथे पेश किसे न जासीआ न अग्गे जानी
एथे आवन मेहा ए होया जोगी दा फेरा
अग्गे जा के मरना विच कल्लर डेरा

बाई खोलूं पहुंच के सम नीरा मलकां
ओहना डेरा कूच है मैं खोलां पलकां
अपना रहना की करां केहड़े बाग दी मूली
साली जग विच आयके सुपने पर भूली

सताई खोल सहेलियों सच जतन सिघाया
दो नैणां ने रोंदिया मींह सावण लाया
इक-इक साहत द:ख दी सौ जतन गुज़ारी
अग्गे ना जा दूर है सिर गठड़ी भारी

बुल्ला पैंती खोलदी शौह नेड़े आए
बदले इस अज़ाब दे मत मुख दिखलाए
अग्गे थोड़ी पीड़ सी नेहों कीता दीवानी
पी गली अकाडी या बड़े तां हो आसानी

सैंती गंढीं खोलियाँ, मैं मेहंदी लाई
मलायम देही मैं करां मत गले लगाई
उड़ा घड़ी सुलक्खली जा मैं बल आवे
ता मैं गावां सोहले जे मैनूं रावे

अठत्ती गंढीं खोलियां केह करने लेखे
ना होबे काज सुहावना बिन तेरे देखे

तेरा मेत सुहाग है मैं उस केह करसां
लैसां अले लगायके पर भूल न डरसां

उनताली गंढ़ीं खोलियां सभ सहआं रल के
इनायत सेज ते आवसी हुण मैं बल फूल के
चूड़ा बाहीं सिर घड़ी हत्थ सोहे कंगणा
रंगण चढ़ी शौर वसल दी मैं तन-मन रंगणा

कर बिसमिल्लाह खोलियां मैं गंढ़ां चाली
जिस आपना आप व जाया सो सुरजन वाली
जन सोहनी मैं भाउंदी लटकेंदा आवे
जिस नूं इश्क है लाल दा सो लाल हो जावे
अम्ल फिकर सभ छोड़ के शौह नाल सिधाए
बिन काहणों गल्ल गैर दी असां याद न कारूए
हुण इन-लिलाह आख के तुम करो दुआईं
पिया ही सब हो गया अब्दुल्ला नाहीं।

■■■